澤田隆治

私説 大阪テレビコメディ史

花登筐と芦屋雁之助

筑摩書房

私説大阪テレビコメディ史——花登筐と芦屋雁之助【目次】

装丁・南伸坊

第一章

雁之助と私

昭和五十五年・銀座

人と人との出会いが一回しかない人生の過ごし方を決めてしまうのだと思う私は、人との出会いを何よりも大切にしている。それは年を重ねるにつれて確信に近くなっている。

芦屋《あしや》雁之助《がんのすけ》さんとの出会いは、まさにすばらしき出会いであった。

昭和五十五年（一九八〇）二月の朝、芦屋雁之助さんとの出会いがなかったら、テレビ史に残る「裸の大将放浪記」シリーズは生まれていなかっただろう。

その朝、日本テレビの『ズームイン朝』の生放送に立ち会ったあと、銀座にあった電通分室での『花王名人劇場』の定例企画会議に早く着きすぎた私は、もう一度数寄屋橋の方へ戻って旭屋書店に入った。ここには芸能関係の本だけを集めたコーナーがあり便利なのでよくのぞくのだが、ふと横を見ると雁之助さんが書棚を眺めているではないか。

「雁ちゃん、お早うございます」と声をかけると、「おうおう」と、思いがけない出会いにびっくりした顔でふりむいた。劇場に出演中で、脚本を書くための資料をさがしに書店へはいったのだという。

「十二月に、梅田コマでエンタツ・アチャコの芝居のホンをたのまれてるんで、あのころの歌の本をさがしてまんねん」

芦屋雁之助さんは、俳優であるだけでなく演出もすれば脚本も書いていた。なんといっても、昭和三十年代の後半から昭和四十年代にかけて、『喜劇座』をひきいて、六年間も道頓堀や京都南座で、あの『松竹新喜劇』『松竹家庭劇』と肩を並べて頑張った座長さんだったのだ。その雁之助さんが、半年前にスタートした『花王名人劇場』では、主演する山田五十鈴、ミヤコ蝶々、森繁久彌それぞれからの指名で、全てのドラマ企画に出演し、名脇役ぶりをみせてくれていた。

芦屋雁之助

「歌の本ならいろいろ持ってますから届けます。それより時間ありますか」と近くの喫茶店へ誘った。かつてテレビで数多く主演番組をヒットさせた雁之助さんを知っている私は、そんな雁之助さんが脇役で出演するドラマのシーンをプレビューでみるたびに申し訳ないと思っていたので、この思いがけない出会いのチャンスにどうしてもその労をねぎらいたかった。そして、いま東京で出演している舞台の話や、これから雁之助さんが脚本を書くという「エンタツ・アチャコ伝」の構想をきいたりしているうちに、私はフッと『喜劇座』のころの雁之助さんの当たり役の一つだった「裸の大将」の山下清のことを思い出して、「あれ、いまでもやれますか」ときくと、

「あの役はわてしかできません。でもあれ、テレビでやれますか」

と逆にたずねられた。その時、なぜか私は目の前がパッと開けたような明るい期待感につつまれて、なんの根拠もなく「やれるのと違いますか」と答えていた。

雁之助さんと別れて、私は『花王名人劇場』の定例企画会議に出席し、ドラマ企画として「裸の大将」の企画を口頭で説明した。

昭和五十四年十月にスタートした『花王名人劇場』は、タイトルが示すように花王株式会社の一社提供で、日曜の夜九時から一時間、ゴールデンアワーと呼ばれるテレビの放送枠の中でも最高の時間帯で放映された、大衆芸能を企画の中心に据えた番組であった。この番組の企画者であり、プロデューサーとして制作・演出を担当していた私は、スタートの一年近く前から準備にかかり、ドラマ・コメディー・演芸のジャンルそれぞれに、最高のキャストを組んで、毎週渾身の力をこめて番組をつくって放映したのだが、思ったように視聴率がとれない。裏番組は当然のことながら強敵揃い、競りあいながら長く続いている番組ばかりで、新規参入者である『花王名人劇場』は一〇%前後をウロウロする視聴率しかとれず、心身共に消耗する三カ月が過ぎた。特に大衆芸能をテーマにしたドラマ企画は完全に行きづまっていた。

年が変わって北條秀司の名作「王将」を、森繁久彌の坂田三吉をはじめ豪華キャストで二週にわたって放映したが、惨敗。

ところが、一月二十日に放映した演芸企画、やすし・きよし、セント・ルイス、B&Bの『激突！　漫才新幹線』が、あらゆる人の予想を裏切って高視聴率を稼ぎ、ここから一九八〇年代の社会現象の一つにあげられる〝漫才ブーム〟の幕開きとなるのだが、まだ私にはなんの予感もなく、なぜこの時間帯で漫才企画がうけたのかの分析に懸命だった。そして会議直前の二月二十四日放映の漫才企画『三球・照代のおかしなおかしな漫才同窓会』が、東京・大阪で二ケタ、名古屋で二〇・七%の視聴率をとったこともあって、この日の会議は、当分〝漫才路線〟で押していこうという考えでまとまった。

その勢いにのった私は、ドラマ企画でいつも脇役をきちんとやってくれている芦屋雁之助さんに、一本主役をやらせてあげたい、それには当たり役である「裸の大将」がいいのではないか、この企画なら漫才路線をはずさずに視聴率が期待できるのではないか、と熱弁をふるい、企画書なしでの承認となったのだ。まさに出会いが生んだ不思議さ、そして、すばらしさであった。

昭和三十年・戎橋松竹

私が芦屋雁之助さんをはじめて見たのは、昭和三十年、大阪唯一の寄席、戎橋松竹《えびすばし》の高座であった。私は大阪でスタートして間もない民間放送のラジオ局、朝日放送へ入社したばかりの新人プロデューサーで、演芸番組を担当するようにといわれたその日から、毎日のように寄席通いをしていた。雁之助さんは弟の小雁《こがん》さんと漫才をやっていて、三番叟《さんばそう》、寄席で一番最初に出る漫才師だった。芸名は芦乃家《あしのや》雁之助・小雁、屋号が芦乃家でコンビ名に〝雁〟の字が入っているから、戦前からの人気漫才師で、戦後すぐNHKの『上方演芸会』の司会で名前が全国に知られ、漫才界の大御所といわれた芦乃家雁玉《あしのやがんぎょく》の弟子筋だろうとは私でも想像がついたが、体つきも顔も全く違う二人が兄弟だということは、事務所の人に教わって知ったのだ。

新人プロデューサーとして、勉強のためにネタをきいておかないといけないお目当ての漫才コン

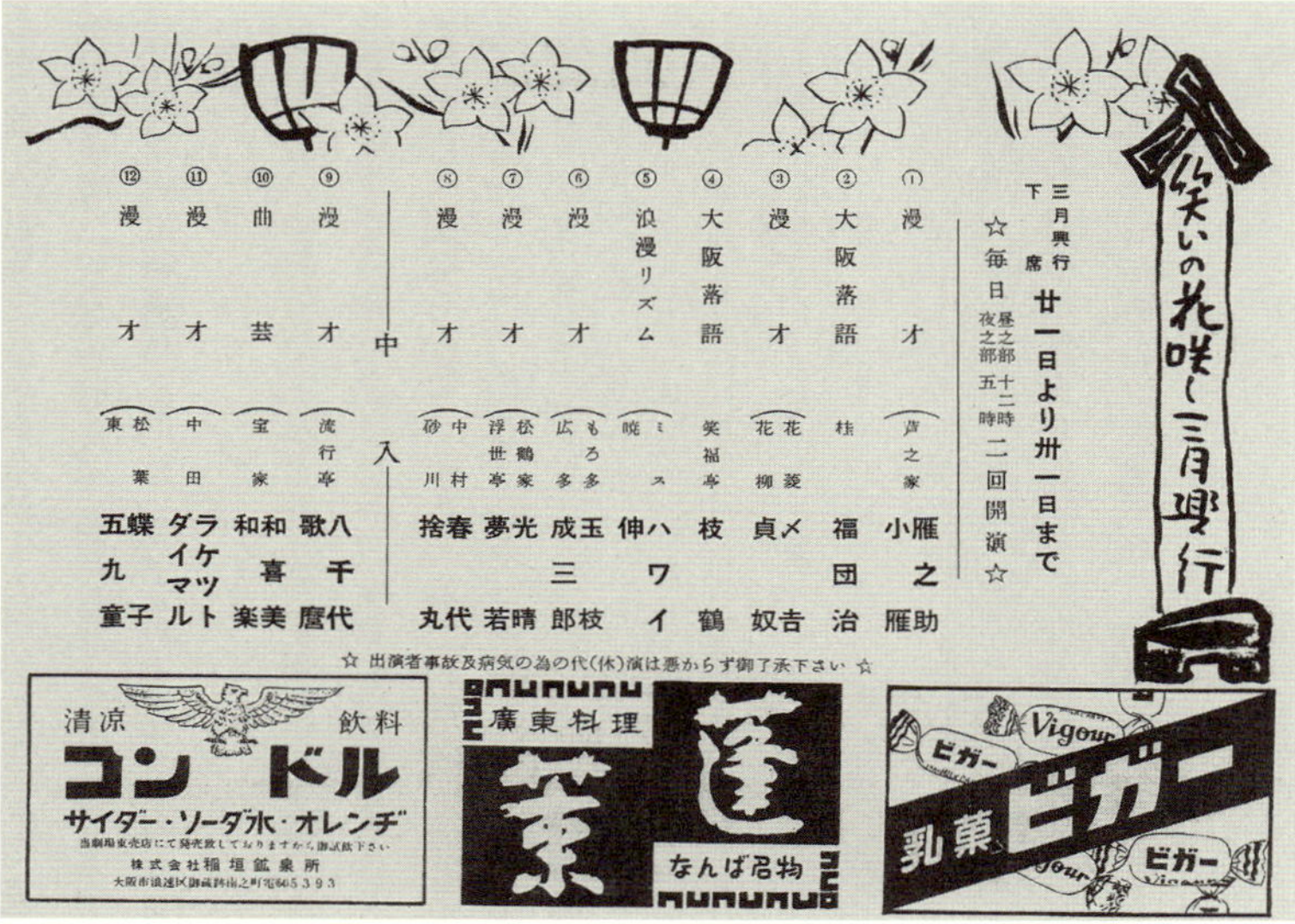

戎橋松竹出番表（昭和30年３月下席）。雁之助・小雁がトップに出演

ビの出番は、当然後ろの方に固まっているから、夕方の七時を過ぎてから寄席に入っても間に合う。そのため、三番叟の漫才はめったにみることがない。だが昼の部のトリの漫才をみるために四時過ぎに寄席にすべりこむ時には、夜の部の最初の出番の漫才を見ることがあった。昼の部をベテランの芸達者が目いっぱいやったあと、入れ替えなしで夜の部の最初にでるのは、つらいポジションで、戦前からの古いスタイルの漫才しかできない漫才師が多かったが、そんな中で、若い漫才師の芦乃家雁之助・小雁の兄弟コンビと、一年後に姉の正司歌江《しょうじうたえ》さんが加わってかしまし娘になる正司照《てる》江《え》・花江《はなえ》の姉妹コンビが私の目をひいた。

雁之助・小雁の漫才は、若いのに妙に落着いていて喋りが達者だから、かなり場数をふんでいるとは私にも察しがついたが、あのころ、戎橋松竹には、男コンビではべテランの松鶴家光晴《しょかくやこうせい》・浮世亭夢若《うきよていゆめわか》が絶好調で、月に二十日の出番も豊富なネタで楽々とこなしていたし、なんといってもお客のお目当ては、爆笑王の名をほしいままにしていたまだ三十代の中田ダイマル・ラケットであった。いかに喋りが達者だといっても、若いだけでは太刀打ちできない。

一方、月に十日の出番で雁之助・小雁と入れかわりに出演していた正司照江・花江の姉妹コンビは、ギターを抱え、歌という飛道具を持っているだけに華やかな高座で、若い私の心を捉えてしまった。歌謡曲からジャズまで自在に歌いこなしながら、達者な喋りで笑いをとる正司照江に私は笑いの女神をみたのだ。穴うめの漫才番組を制作するチャンスをもらうと、早速、正司照江・花江の出演をきめ、早い出番の漫才を連日見てネタの相談にのったりする熱の入れようであった。

正司照江・花江

そのころの記憶に雁之助・小雁兄弟コンビの姿は全くなく、私は長い間、ラジオ時代には直接仕事をしたことはないと思っていたが、阪神淡路大震災の時に全壊した甲子園の実家の物置から、私の朝日放送のラジオ時代の制作ノートが出てきたのをみると、昭和三十年に私が制作した番組に雁之助・小雁も二回出演しているではないか。人間の記憶とはこんなものというべきか、いや、それだけ少女漫才として幼いころから舞台に立っていた正司照江の放つ〝芸人〟とやらの魅力にひかれていたのだろう。いずれにせよ、私の長いメディア人生の中で最も長く仕事のつきあいをしているのが雁之助・小雁の兄弟コンビなのである。

昭和三十一年・梅田OSミュージックホール

昭和三十一年、ほどなく芦乃家雁之助・小雁の名前は戎橋松竹の出番から消え、正司照江・花江の姉妹コンビも、照江の病気とやらで出たり出なかったりの状態が続く。雁之助・小雁が戎橋松竹に出なくなったのは、出番を決める寄席の頭取ともめたからだと楽屋雀は噂していたが、ある日、大阪の夕刊紙に二人のことが大きく取り上げられた。

大阪・梅田のOSミュージックホールに、芦屋雁之助・小雁の芸名でコメディアンとして新加入したのだが、無断で家号をかえたとして師匠の芦乃家雁玉に破門されたという記事である。

南街ミュージックホールのプログラム

OSミュージックホールは、昭和二十九年七月に、東京の日劇ミュージックホールの関西版として東宝が開館したヌード劇場で、開館当時は日劇ミュージックホールの引越し興行のような構成と、トニー谷、パン猪狩《いかり》、立原博といったコメディアンの顔ぶれが話題になったが、目新しさも開館当時だけで、気どったヌードショウも東京風のコントも大阪ではうけず、思ったように客足はのびなかった。

東宝は、昭和三十年四月に大阪・難波の南街ミュージックホールを開館していたが、ここも苦戦。キタとミナミのヌード合戦ぶりやコメディアンのゴシップが夕刊紙の格好なネタになったりしていたから、雁之助・小雁の破門話もその流れの中での話題づくりの一つだったのかもしれないが、いずれにせよ、見て笑うコントはラジオには縁がなく、漫才師・雁之助・小雁は私の前から消えたのだ。

昭和三十一年四月から、雁之助・小雁が準専属となったＯＳミュージックホールでコントを書いていたのが花登筐《はなとこばこ》さんで、この時二十八歳。花登筐は思ったとおりのコントをつくるために、若い演出家のいうことをきいてくれる専属のコメディアンを集めていた。ＮＨＫのテレビに花登筐の書いたコントで起用された小雁が雁之助を口説き、「君たちの漫才にはスピードがある。漫才やるよりコメディアンになったらどうや」という花登筐のすすめもあったが、〝漫才だったらなんとかやっていけても、コントを失敗すれば行くところがないではないか〟と悩みに悩んだ末のＯＳミュージック入りであった。この出会いは、やがてテレビ時代の到来に遭遇して新しい笑いを次々と創造し、その後昭和三十九年、芦屋雁之助が座長となり芦屋小雁と共に『喜劇座』を旗揚げするまで続いた。

私が芦屋雁之助さんと出会った昭和三十年以降のことは、いま私の手許にあるいろんな資料から、かなり事実に迫ることは出来るが、それでも当時の関係者が書き残してくれた記録と私の記録がかなり違っているのには当惑する。

昭和四十二年六月、大阪の夕刊紙『大阪新聞』の「幕のうちそと」シリーズの最終編に二十回連載で登場した芦屋雁之助自叙伝でも、世に出てからのことは、関係者に対する配慮からだろう、かなり抑えて書かれていて真実がみえてこない。雁之助さんのこの全ての面で控え目で遠慮がちなものいいは、生涯変わらなかったように思う。時々、感情を爆発させることがあったと近くにいた人はいうが、私は知らない。いずれにせよ、今となっては昭和三十年以前の芦屋雁之助、本名・西部《にしべ》清《きよし》の人生については、「幕のうちそと」に書かれた自叙伝によるしかない。

雁之助自伝・敗戦からサーカス一座へ

昭和六年、京都の壬生《みぶ》屯所《とんしょ》の近くで染物屋を営む西部家の四男として誕生した男の子は、清と名付けられた。二つ違いで生まれたのが後に小雁となる秀郎《ひでお》。清は小学校三年生の終りに病気で休学するようになって学校ギライになる。その兄の影響で弟も学校ギライに、というわけでどこへ行くのも二人連れ。六年生と四年生の兄弟は共に学校をサボって映画館通いにうつつをぬかす。それでも昭和十九年、戦争中のことだから卒業はさせてくれた。徴用逃れに軍需工場で働いているうちに本物の徴用通知がきた。召集令と同じで逃げるわけにはいかない。どうにでもなれと思った。出発準備をするために新京極へ買物に行き、四条通りを歩いていたら、途中、天皇の玉音放送があり、降伏の事実を知った。

ラジオをかこんで大勢のオッサン、オバハンが泣いていた。僕はちっとも泣けなかった。むしろ徴用に行かなくてもすむことの方が頭の中でいっぱいだった。一目散に家へ帰り「もう徴用に行かんでええのや」と叫んだら、おとっつぁんに「この国賊奴」とどやされた。(「幕のうちそと」)

この雁之助さんの終戦の日の情景と同じような思い出が、朝鮮の京城（現ソウル）に住んでいた中学一年生の私にもあった。あの八月十五日は、午前中のアメリカ兵を一人一殺するための銃剣術の訓練が終って、正午に炎天下の校庭に全員整列してきいた玉音放送、ほとんどききとれなかったが、すぐに家に帰るようにと解散。街の通りには、家からとび出して「マンセイ！　マンセイ！」と叫ぶ朝鮮人の群衆。その中をくぐり抜けてやっと家へ帰って勤労動員から戻っていた四歳年上の兄に「兄ちゃん、日本は負けたらしいよ」と叫んだら、「国賊め」となぐられたのだ。いつのことか忘れたが、スタジオの時間待ちをしている雁之助さんとこの八月十五日の話になったら、「あのころは、みんな、真剣に戦っていたんやなァ」とマジ顔になったものだ。

戦争で染料や生地が手に入らなくなり、染物の仕事をやめてしまった西部家の大黒柱は、終戦の翌年、好きな芸事で身を立てようと、清をつれてドサ廻りの一座に漫才で参加する。

この父は、若い頃から芸事が三度のめしより好きというやつで、三味線や尺八にうつつをぬかし、仕事は家族にまかせきりで、おばあちゃんに〝極道者〟とよくいわれていたという。それが御時世とはいえ、趣味で一家を支えることになった父は、「芸は身を助けるて、ほんまや」とよく独り言をいっていたそうだが、雁之助さんによれば、その父の芸は「〝曲芸漫才〟とでもいうのだろうか。漫才の高座がすむと引き続き父が横で三味線をひく、女の人が足でカサを回したりタルを回したりする」というもので、清は家族の口減らしと曲芸用のタルを背負って運ぶために父について家を出た。最初に入った一座は、空中美人・柴春子とフタバ楽団。漫才、寸劇、曲芸、ツナ渡り、最後に全員出演のフタバ楽団、歌謡ショーというぐあい。フタバ楽団とはいっても、座長柴春子のご主人がトランペットを持っているだけで、あとは寸劇の役者連中がドラムやギターを担当する、その他漫才のオッサン、オバハンがバイオリン、三味線、音の出るものは拍子木まで持ってガチャポコ、シャンシャン、ププーと、へんてこな楽団だった。(「幕のうちそと」)

平成二年七月、名古屋の中日劇場での『裸の大将』公演のタイトルは「清がサーカスにやって来た」、そのプログラムに雁之助さんは「ずうっと前からサーカスをテーマにしたお芝居をと念願しておりましたが、やっとその機会に恵まれました」と、この芝居にかける思いを書いているが、その中に、

わたしが初めて芸能界に足を踏み入れたのはサーカスの一座でした。とはいえ、皆様がイメージなさるような、イルミネーションきらめく、華やかな大天幕のサーカスではありません。戦後間もなくの事で、箱打サーカスといって、主に四国、九州方面の劇場で公演する小さな一座でした。綱渡り、二丁ブランコの他は、ほとんど舞台で観せる曲芸でした。私の役割は、荷物の運搬、客席の天井から吊り降ろすブランコの手伝い、ブランコに昇る竹竿の受け渡し、綱渡りの小道具の受け渡し、足芸などの樽運び、後見とは名ばかりで分かり易くいえば雑役係。劇場に到着するとすぐ荷物を開け、町廻り、公演を宣伝して歩くチンドン屋。大豆の一杯入った三角おにぎり二個貰えるのが楽しみに、腹をすかして他所の家に食べ物を貰いに入ったこともあり

ました。

とある。サーカスのくだりを除けば、〝空中美人・柴春子とフタバ楽団〟の思い出とダブっている。いまのテレビタレントの楽屋話にはドサ廻りの話など全く出てこないが、大学を出てすぐに私が入りびたっていた寄席の楽屋話が盛り上がるのは、きまってヒロポンとドサ廻りでの御難の数々の体験談であったから、そんな生活とは全く無縁の私なのに、いつのまにか耳年増となっていて、そんな話に加わることが出来るようになっていた。そのせいか、私はドサ廻りに一種の憧れのようなものを感じていて、その後も、ドサ廻りの楽屋で育ったことをかくさなかった鳳《おおとり》啓助《けいすけ》さんに会うと、せがんでドサ廻りの話をきいたりしたものだ。

雁之助さんは「幕のうちそと」で、少年時代を過したドサ廻りの一座で、腹をふくらませるために身につけさせられた〝芸〟の話をくわしく書き残してくれている。

舞台に出ていない雑用係は「めしくい」といわれて白い目でみられる。そこで父が手製で手品の道具を行く先々の劇場でひとつずつ作ってくれて、少しずつ練習、四国の劇場で少年奇術師・若松きよしの芸名で初舞台をふんだ時の失敗話。

舞台で何をやってるのか解らなかった。手がブルブルふるえて箱の下にぶら下げてあるタネがなかなかとれなかった。やっとつかんだら消えるはずの品物がポトンと下に落ちた。客席の笑い声や拍手が入りまじって、僕の耳にかえってきた。クリクリ坊主の頭を何度もかいた。その度に客は笑った。(「幕のうちそと」)

でもこの日から扱いが変った。もう「めしくい」ではないのだ。そして一年たった頃には三十分の場が一人で持てるようになっていた。

ところが世の中が落ちついてくると客の目もこえてくるから、寄せ集めの楽団では客も集まらない。メンバーも入れかわる。なんでもやらなきゃとドラムのケイコもしてなんとか叩けるようになったら、お定まりの御難で興行師から金をもらえず、一座は解散。京都の家へ戻って家でゴロゴロしていたが、芸事の味が忘れられない。十日目に元の太夫元《たゆうもと》から再び一座を組んだからこいとの知らせで、清一人、四国へ逆戻り。初めて父と離れて一本立ちした。

行ってみると楽団も大阪から呼んだソコソコのをそろえています。トランペット、ギター、バイオリンなどすべてその道のくろうとばかりです。（当たり前の事ですが）驚いたことは僕がそこで命ぜられたのはドラムたたきです。二年間やってきたとはいうものの、しろうとはやはりしろうと、本職の間にはさまっては顔色なしです。もうのっけから文句のいわれっぱなし。緊張し過ぎてはトチリ、トチるからしかられるといった繰り返しの毎日でした。それで給料の方は月千円ナリ。芸名は若松清（ぐっと二枚目の名前でしょう）……（「幕のうちそと」）

後に芦屋小雁となる弟の秀郎と漫才コンビを組んだ時にも、若松きよし・ただしの芸名で漫才をやっているが、その由来は、父が芸人として舞台に立つ時に漫才の家号である若松家を名乗っていたからだと小雁さんにきいた。本当に若松家の一門であったかどうかは知らないという。

この座も結成一年にしてあえなく消え去りました。そして僕はこの座にいた五条家金玉（きんぎょく）夫婦のところへ行くことになりました。金玉夫婦が一座を組んだのです。この座はいわゆる色ものの座で漫才、浪曲、奇術などを主にやっていました。

僕は再び奇術へ逆戻りして名前も五条家金坊と付けてもらいました。かわいかった当時の僕にはまったくピッタリの名前でした。（「幕のうちそと」）

五条家というのも若松家と同じように漫才の名門の家号で、弟子にも同じ家号をつけるから私がラジオの演芸の担当になった昭和三十年には五条家を名のる漫才が何組もいた。

五条家金玉夫婦に実子のようにかわいがられた金坊こと清少年は、二年あまりの四国巡業がうまくいかず一座が解散したあとは、大阪・柏原《かしわら》の金玉夫婦の家に引きとられ、そこからいろんな一座へ奇術師として出稼ぎに行くことになる。

この時に行ったドサ廻りの透視術の座の興行を雁之助さんはくわしく書き残してくれている。

透視術師がものものしく舞台中央に出てくる。助手がその先生を思い切り礼賛したあと客席へ。先生は客席に背を向けて目かくしをする。助手が客の品物を借りて「先生、これは何でしょう」ときくと先生はピタリと当てる。透視術のネタはなんのことはない。先生の前のつい立てに小さな穴が開いていて、そこから座員が助手の手に持った品物を確認し小声で教えるのだ。

その教える役が僕でした。しかし、客はそれを先生の霊感と信じ込み驚嘆したものです。そこまで客を信じ込ませれば、もうこちらのもの。先生自ら客席へ降りて行って、ふしぎにピタリと当たるあぶり出しの占いを売るのです。その占いたるや、努力しだいであなたはお金持ちになれますといったような、ごく当たり前のことが書いてあったのですが、客は喜んで買って帰ったものです。（「幕のうちそと」）

東京コミックショウのショパン猪狩夫妻

そのあぶり出しは座員が旅先の宿で夜なべして作るのだ。

この少年時代の体験だろう、芦屋雁之助さんはへんてこりんな小道具のことをよく知っていて、私は何度か作ってもらったことがある。私はいろんな笑いがある中で大好きなのがインチキネタで、ヤラレタ！　という落差がたまらないのだ。ヘンテコリンな小道具をつくって笑わせるといえば東京コミックショウのショパン猪狩さんが有名で、私はこの両雄のインチキネタ東西対決をやりたいと思ったりしたが、ついに実現せず、私だけが記憶の中でたのしませてもらっている。

「薬専」という劇団は、タダで芝居をみせて芝居が終ると「ゼンソクから中風、結核と、何でもきかぬものはない万能薬、遠くは中国、ネパールの、山また山を分け入って採集した薬草を、数種類まぜ合わせて作った高貴薬、これこの通り日本全国から集まった礼状、感謝状は数知れず」と口上があって薬を売る一座である。雁之助さんはこんな口上を幾つも知っていて、香具師の口上のような独特なイントネーションで再現できた。

この礼状、感謝状は座員が作ったニセ物、薬もインチキ薬、ナベズミにタンサンをまぜてつくった丸薬なのだが、これが効くことがある。いまでいうプラシーボ効果によるものだろうが、ホントの礼状がきたり、カゼがはやっている時期に村中の人のカゼがこの薬で治ってしまい、全快祝いに村長の家へまねかれて下にもおかぬもてなしをうけたこともあったという。

浪曲も得意

雁之助さんの特技の一つに浪曲がある。一節きかせると拍手がくるぐらいのいい声をしていたが、それもこのころ、鼈甲斎《べっこうさい》荒丸、木村友衛嬢の浪曲一座にいたときに覚えたものだという。

昭和三十年から五十年ごろまで、東西のコマ劇場で大勢の観客を集めた喜劇公演には必ずといっていいぐらい劇中劇があった。誰でも知っている芝居の名場面のパロディで、コメディアンと演出家の腕のみせ所だった。劇中劇にもいろんな切り口があるのだが、浪曲劇は必ずうける定番であった。当然のことだが浪曲劇は浪曲《フシ》がうまくないとおもしろく展開しない。浪曲がまだまだ盛んなころだったから、笑いものにされるために出てくれる浪曲師などいるわけはない。というわけで劇中劇の浪曲劇は、コメディアンで浪曲のできる人がいないと成立しないから、いまではやれなくなってしまった。

あのころは堺駿二《さかいしゅんじ》さんが見事な節で、「港家小柳丸《みなとやこりゅうまる》師の実弟だもの」と教えてもらって納得した。玉川良一さんは家号の通り玉川一門で、〽利根の川風、タモトにエレテエ……をギャグにしていたぐらいだから浪曲劇はお手のものだった。雁之助さんは五条家金玉師匠が組んだ浪曲劇の一座でやっていたというから本物である。一度だけねだって雁之助さんに劇中劇で「神崎与五郎・東下りの場」を浪曲劇でやってもらったことがある。

浪曲師・芦屋雁之助
三味線・岩崎節子
神崎与五郎・宮川大助
茶店の婆さん・間寛平
馬子丑五郎・芦屋小雁
馬の足・芦屋雁平

という配役である。

雁之助さんの本格的な節にのって登場する馬子が曳いている馬が実によく出来ていて、私は一度どこかでみたことがあったので、雁之助さんがつくったこの馬みたさに番組をつくったというぐらいのおかしさなのだ。この馬、涙は出すわ、小便は垂れるわで、ヨーロッパのサーカスに登場するクラウンの馬にもいいのがあるが、雁之助さんのつくったこの馬のセコさにはかなわない。「ようあんなおかしな馬、つくりますなァ」といったら「昔はみんなあんなのつくってやってましたで」とこともなげな返事にこの人の芸の底知れぬ深さを感じたものだ。

『私の裏切り裏切られ史』

花登筐さんが、劇団「笑いの王国」時代の芦屋雁之助・小雁兄弟について、

兄弟といっても雁之助君と小雁君は、まったく性格も異なり、ほとんど行動を共にしていなかった。雁之助君はカメラに凝り、人づきあいも嫌いであり、一方の小雁君の趣味は音楽で、性格的にも人なつっこく、私や大村崑君とよく食事に出かけたり、OS時代から大村崑君同様、私も弟のように可愛がっていた一人であった。大村崑君とも何かにつけて「小雁ちゃん」「崑ちゃん」と仲も良かった。

と『私の裏切り裏切られ史』に書いている。

『週刊朝日』に、昭和五十八年二月二十五日号から九月十六日号まで連載され、最終回に「この連載期間中のあまりの反響の大きさに驚いている」と書いた『私の裏切り裏切られ史』は、同年十月三日に花登筐さんが亡くなられたあと、十二月十日に朝日新聞社から出版された。

毎週「裏切り」をしたとコメディアンやテレビ関係者が実名で名指しされて登場するため、連載中、大阪はある種のパニック状態に陥った。それは花登筐さんの葬儀にも影響を与え、一冊の本にまとまることによって更に増幅されることになる。十一月一日と日付の入った「あとがきに代えて」に当時花登筐夫人であった星由里子さんが「此の度、出版にあたりまして、不愉快な思いをなさる方々がいらっしゃると思いますが」と書かれているのは、そのあたりの空気を伝えている。

〝裏切り裏切られ〟は、どちらの側からみるかによって真逆になるから、ここに描かれている花登筐さんが「裏切られた」と感じた事柄は、花登筐さんの主観によるものだということを確認しながら、この結果として花登筐さんの遺書となってしまった一冊の本をいま読み返してみると、昭和三十年代のテレビ界を駆け抜けた花登軍団を内側から描いた数少ない貴重な証言に満ちている。私はこの時代に寄り添うようにテレビ番組の演出をしていたが、自分の関わった番組のことはよくわかっていても、担当以外の番組についてはほとんどわからない。まして他のテレビ局の番組の内情など全く知るよしもないのだ。今と違ってテレビ界に起ったことをなんでも伝えるスポーツ紙も週刊誌も全くなかった時代だから、映画にくらべて載ることの少なかったテレビ関連の記事を一般紙で探しても収穫はほとんどない。

しかも大阪のテレビ創世記の出演者や制作者達のほとんどが何も語らずに亡くなってしまったから、テレビ局の社史だけを頼りにするしかない中で、花登筐さんの『私の裏切り裏切られ史』はこれからも貴重な参考資料の一つになるに違いない。慎重に扱わなければならないにしても……。

芦屋雁之助・小雁兄弟のことに戻ろう。

私にとって雁之助・小雁兄弟は、昭和三十年に知りあった時が芦乃家雁之助・小雁という漫才コンビだったから、会う時はいつも二人揃っていた。OSミュージック時代のことは知らないが、『番頭はんと丁稚どん』で全国に知られるようになった昭和三十四年からは、いつも二人揃ってテレビコメディや舞台に出演していた雁之助・小雁兄弟が、西部清・秀郎兄弟だった昭和二十三年からはじめることにする。

昭和二十三年・京都

師匠の五条家金玉が芸人をやめて一座を解散したために、やむなく京都の実家へ帰った五条家金坊こと西部清少年は、すっかり一人前の芸人の雰囲気を身につけていた。若松家の屋号で漫才をやっていたことのある父親は、弟の秀郎とコンビを組ませ漫才をやらせようと考える。幼いころから兄にひきずられるように学校をサボって映画をみる楽しさを覚えた弟の秀郎は、兄がいなくなってからも学業に身が入らず小学校の五年生で自主退学、年をごまかして働きはじめる。兄が戻ってきたころは京都のデパート髙島屋専属の看板屋で働きはじめて三年目。デパートのショウウインドーの飾り付けや売場の文字や図案を担当するようになっていた。いま小雁さんの書く色紙やデザインした手拭いなどにその当時の修業のあとがみられるのだ。

〈「二人で漫才やらへんか」僕が小雁に持ちかけると、彼も乗ってくれました。〉と雁之助さんは書いているが、小雁さんによれば、仕事がたのしくなっていて、漫才をやりたいと思わなかったが、父親のたっての頼みで断わりきれなかったという。父親がつけてくれた芸名が若松きよし・ただし。

二人での初舞台は京都の日本座というところで、京都在住の漫才師が競演会を開いた時でした。それがきっかけで僕らは京都の余興屋に籍を置き、電話一本で呼び出されては余興に行くようになりました。

しかし、以前と違って、一座の中へはいってるのではありませんから定収入がありません。仕事のない日が続けば、身の回りのものは一六銀行行き、余興の声がかかれば、前金を貰って質屋から服を出し、それを着て行くのです。
だから舞台へ立つたびにおたがいにナフタリンの匂いがプーンとしました。「質屋へ入れてる方がナフタリン代助かる」いうて笑ったものです。（「幕のうちそと」）

昭和二十四年九月、ＮＨＫ大阪で『上方演芸会』が第二放送でスタートする。ＪＯＢＫの第一スタジオに観客を入れての公開放送である。司会は芦乃家雁玉・林田十郎。戦前から吉本興業の看板漫才師として活躍し、戦後は漫才復興の中心的な役割を果してきた雁玉・十郎を司会に起用した理由を、企画・構成を担当した秋田實さんは、

当時はすでにエンタツ・アチャコさんは漫才を卒業して映画中心に活躍していたし、五郎・雪江の五郎さんは、放送の始まった年のお正月の六日になくなっており、文雄・静代の静代さんはその時すでに健康を害していた。雁玉・十郎さんが「上方演芸会」の司会をすることになったのは、順序としても当然であったし、それまでの大阪の漫才界の名実共に一番の長老として、演芸の全関係者から積極的な協力が得られた。

と『大阪笑話史』に書いている。
そのころ高校生の私は、毎週「いらっしゃいませ」「今晩は」ではじまる『上方演芸会』をきいていた。漫才がおもしろかった。四月からは第一放送に昇格、大阪を代表する人気番組となった。この戦後初の漫才ブームの中で漫才師若松きよし・ただしも地方を廻る歌謡ショーのつなぎの漫才

で結構いそがしくしていた。

一年半ほど余興専門にやって来ましたが、やはり漫才師は寄席が勝負どころ。寄席へ上がらないかんと切実に思うようになりました。しかし寄席へ上がるにはどうしても偉い人のあと押しがいります。(「幕のうちそと」)

昭和三十年春、私がはじめて出会った時、芦乃家雁玉からもらった芦乃家雁之助・小雁の芸名であったことはすでに書いた。だが、その前に兄弟が尊敬している漫才コンビがいた。そのころ京都に住んでいた香島《かしま》ラッキー・矢代《やしろ》セブンである。

ラッキー・セブンは、戦前、吉本興業が売り出した東京の漫才界、新進気鋭のコンビであった。昭和十三年十二月から一カ月、吉本興業と朝日新聞が共同で結成した慰問団、第二回「わらわし隊」は北支那・中支那・南支那の三班に分かれて慰問に出かけたが、ラッキー・セブンはその南支那慰問班に石田一松らと共に加わって前線を慰問、無事に帰国して各地で満員の客を集めて報告会興行が行われて一段落した昭和十四年三月二十日、ミスワカナ・玉松一郎が大阪のＪＯＢＫで放送をすませて、消えた。東京ではラッキー・セブンがＪＯＡＫへ出演するために向かう途中で消えた。

戦前の演芸界最大の事件となった新興キネマ演芸部による吉本興業漫才陣への引抜きのはじまりであった。この時、十五人の吉本の芸人が新興キネマ演芸部にさそわれて京都へ集合し、かくまわれた。三月二十九日、新興キネマ演芸部が新発足、ワカナ・一郎、ラッキー・セブンと三年契約を結んだと発表、ただちに松竹手持ちの劇場を新興キネマ演芸部の常打ち小屋に改装、その間に新興映画でワカナ・一郎主演の映画を制作するという手廻しのよさである。その背後に昭和九年以来の松竹の演芸政策があり、吉本興業は東宝と結んで対抗することになる。この図式は、以後、大阪の芸能に大きな影響を与えてきた。

この騒動は二カ月後に京都府警と大阪府警の調停で解決する。ラッキー・セブンはこの時スッポカした番組がＪＯＡＫ制作の「東京放送局満十四年記念番組」であったから、なかなか出演停止がとけず、昭和十六年になってやっとＮＨＫへの出演が許された。まもなく太平洋戦争に突入、カタカナの芸名をかえるようにと通達をうけた時に、古川ロッパが「エンタツ・アチャコやラッキー・セブンが漢字にできるんならばお目にかかりたいもんだ」と反論して役人をやりこめたというエピソードがあるが、当の本人は香島楽貴、御園世文とかえている。敗戦後は香島ラッキー・矢代セブンとカタカナの芸名に戻したラッキー・セブンの漫才の台本は、京都清水坂のお土産屋の息子で大学の先生をしていた田中良一さんが書いていた。若松きよし・ただしも台本を依頼していたこともあって、弟子になるのならラッキー・セブンと二人は思っていたが、父親は雁玉・十郎がいいと強く主張するので、出演中の新京極の富貴《ふうき》へ訪ねたと小雁さんの思い出。田中良一さんは昭和二十七年、コンビを解消して香島ラッキーさんが一人で出演している毎日放送のバラエティ『お笑い三洋亭』の台本を書いていた人として名前が残っている。

雁之助さんの思い出。

僕らは楽屋口で先生の出てこられるのを、今か今かと胸をドキドキさせながら待っていたのです。ちょうど楽屋口の前は墓場でした。

そこへ出てこられた雁玉師匠は「ワシの名を一字ずつやる、雁之助に小雁はどや」それだけいわれてまた楽屋へはいって行かれました。僕らはただかしこまって、うつむいていたので、ついに名付け親の顔すらハッキリと見ずじまいでした。

「墓場でもろた名やからハカバカしくないで」と半年くらいはその名を使いませんでしたが…。

（「幕のうちそと」）

京都の小さな寄席やストリップのつなぎに漫才をやるヌード劇場などで頑張っているうちに神戸の八千代劇場の出演の声がかかった。人気漫才師が何組も出演するこの劇場で初めて芦乃家雁之助・小雁を名乗った。そのあいさつをかねて梅田劇場出演中の雁玉・十郎師匠をたずね、

この時、初めて師匠の顔をマジマジと見たのです。名前を頂戴してから半年目のことでした。（中略）八千代劇場出演中に雁玉師匠からお声がかりで上方演芸会という巡業の一座へはいらないかという知らせ。いよいよ雁玉師匠のお供をして勉強できるかと思うと胸がおどりました。それから数日して上方演芸会の地方巡業に出かけました。三番叟をやるかたわら雁玉・十郎両師匠の荷物持ちをやりました。同じ持つならいい師匠を…その念願が果たされてうれしさいっぱいでした。（「幕のうちそと」）

このあとに初めて大阪の、それも戎橋松竹の舞台に出るチャンスをつかむことになる。父親の狙いは的中したのだ。

昭和三十年・初ラジオ出演

西部清・秀郎兄弟は、コンビを組んで寄席への出演を目指し芦乃家雁玉に弟子入りして芦乃家雁之助・小雁となる。

昭和三十年、私は大阪難波新地にあった寄席・戎橋松竹ではじめて雁之助・小雁の漫才をみた。朝日放送の新人プロデューサーである私は会社での仕事が終ると連日のように戎橋松竹へ通い、演芸担当として認められたしるしとして、その年発行された関西演芸協会発行の「大福帳」を劇場からいただいた。

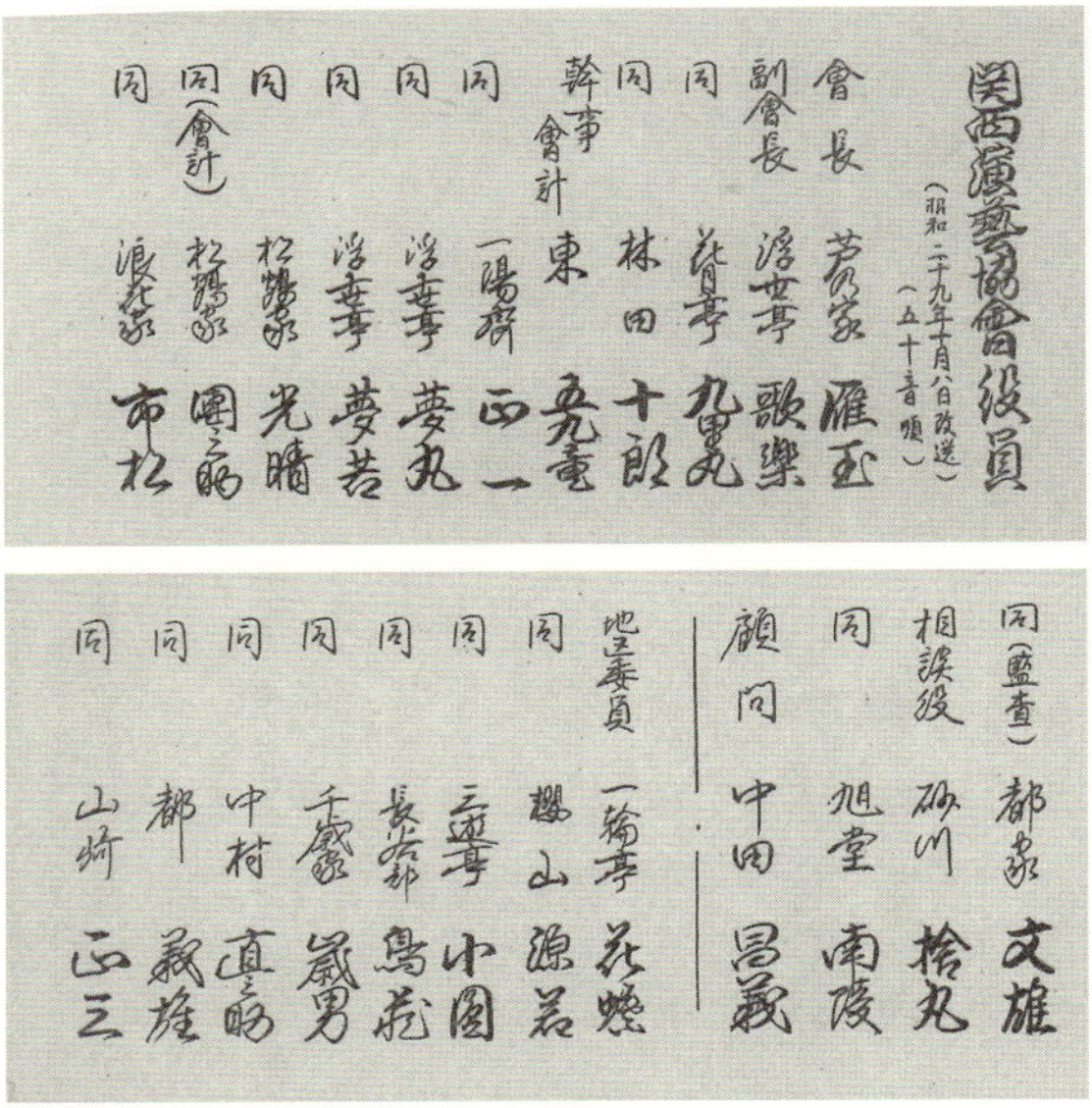

関西演藝協會役員
（昭和二十九年十月八日改選）
（五十音順）

會長 芦乃家 雁玉
副會長 浮世亭 歌楽
同 花月亭 九里丸
同 林田 十郎
幹事會計 東 五九童
同 一陽斎 正一
同 浮世亭 夢丸
同 浮世亭 夢若
同 松鶴家 光晴
同（會計） 松鶴家 團之助
同 浪花家 市松
同（監査） 都家 文雄
相談役 砂川 捨丸
同 旭堂 南陵
顧問 中田 昌義
地區委員 一輪亭 花蝶
同 櫻山 源若
同 三遊亭 小圓
同 長谷部 烏花
同 千歳 家男
同 中村 直昭
同 都 義雄
同 山崎 正三

関西演芸協会発行の「大福帳」

一頁目に記された関西演芸協会の役員は、会長　芦乃家雁玉、副会長　浮世亭歌楽・花月亭九里丸・林田十郎、幹事会計　東五九童、幹事　一陽斎正一・浮世亭夢丸・浮世亭夢若・松鶴家光晴・浪花家市松、幹事監査　都家文雄、相談役　砂川捨丸・旭堂南陵、なつかしい芸名ばかりである。

五十音順に並べられた会員名簿に名を連ねる漫才コンビは五十九組、その中に雁之助・小雁の名前はないが正司照江・花江はのっている。
漫才師のほか協会員として名前が記載されている芸人は、落語家が桂文團治、桂福團治、笑福亭枝鶴、林家染丸の四名のみ。奇術では一陽斎正一、一陽斎双一、ジャグラー都一、松旭斎天彩、ワンダー天勝の五名。講談は旭堂南陵、旭堂小南陵のみ。漫談・司会で、花月亭九里丸、記者ポッポ、鶴乃一声、人見静一郎の四名。他に曲芸の宝家和楽、但馬源水など寄席の色物が六名。

公開録音場「アサヒラジオホール」として使用されたアサヒアリーナ

このポケットに入る小さな「大福帳」は、計八十組の芸人の、住所と電話番号付きのこの上ない便利なものであった。八十組の芸人の、家に電話がついているのが十七組、番号の下に（呼）とついているのが二十二組、あわせて半数である。他人の家の電話を堂々と名簿にのせているのが時代を表わしている。あのころ「呼び出し電話」という先代の三遊亭円歌のヒット落語があったが、いまきいても笑えるだろうか。

戎橋松竹の三番叟を交替でつとめていた雁之助・小雁と照江・花江の新人コンビが、これも新人プロデューサーである私の目にとまった昭和三十年、この二組の新人漫才に注目していたもう一人の演出家が花登筺さんであった。

『私の裏切り裏切られ史』に「二十歳代の若造」で新人の脚本家であった花登筐さんの「脚本どおりに演じてくれるコメディアンを出演させる」ために「OSミュージックホール」に起用したのが「ドサ回り専門の芦屋雁之助、小雁君兄弟と、まだかしまし娘の名もついていず、長女の歌江さんも参加していない正司照江、花江さんの姉妹漫才コンビであった」と書いている。

　戎橋松竹で収録をするラジオのお笑い番組で三番叟を起用することは、お客様が少ないということもあって、まずない。だが大阪市内のホールや神戸・奈良・和歌山などのホールに人を集めてお笑い番組を収録する時には、新人を起用するチャンスがある。私は寄席でネタをみておもしろいコンビがあれば、人気コンビと組み合わせてプログラムを組み、番組にした。

　大阪中之島の朝日新聞社の向かいに米軍払い下げの格納庫を利用したアサヒアリーナという巨大なアイススケート場があったが、そこを夏場だけ借りて朝日放送専用の公開録音場「アサヒラジオホール」として使っていた。三千人も入る広いホールだが、人気番組の場合、たった三十分のラジオ番組の公開録音をみるために入りきれないぐらい聴衆が集まったものだ。しかし冷房設備などあるわけはないから、真夏の暑さたるや焦熱地獄さながらだったし、大雨が降れば大屋根に当たる雨音で録音不可能になったりする。新人プロデューサーが担当する穴埋め番組の場合は、出演者が弱いから人も集まらず、広さをもてあまして情けない気持になるなど、あまりいい思い出がない。

　雁之助・小雁のラジオ初出演がこの「アサヒラジオホール」で、その思い出を雁之助さんが「幕のうちそと」に書いている。戎橋松竹で同じ出番になった中田ダイマル・ラケットさんが〝僕らのめんどうを大変よく見てくれ〟、「ワシの番組に出てみんか」と声をかけてくれたという。それは昭和三十年五月からはじまった『お笑いラジオホール』という番組で、九月末までの夏季期間限定の

昭和32年当時の朝日放送ラジオの専属お笑いタレント陣
前列左から、正司照江、ミナミサザエ、森光子、正司歌江、正司花江、中田ラケット
後列左から、川上のぼる、夏川左楽、松鶴家光晴、秋山右楽、中田ダイマル、浮世亭歌楽、浮世亭夢若

演芸番組、担当は私だった。

何しろ電波にのるなんて初めてのこと、こわさとうれしさがいっしょになってなんともいえん気持ちでした。当日マイクの前へ立ってもふるえっぱなし…。カチカチという歯の音がマイクにはいってやり直し…なんて笑えぬこともありました。あとでそのラジオを聞いた時の感激！初心忘れるべからずと今も自分の心にいい聞かせています。（「幕のうちそと」）

ラジオの出演の道はついたが、ネタが少ないのを悩んでいた時、花登筐さんに出会い、コメディ

私が企画担当になった光晴（右）・夢若（左）

アンになったらと口説かれ小雁さんと何日も話し合った末にやっと決意する。昭和三十二年の春だった。

　私はといえば、昭和三十年から担当していた『東西寄席風景』『上方落語をきく会』と、朝日放送の専属漫才コンビ光晴・夢若主演の連続公開コメディに加えて、昭和三十一年には『浪曲歌合戦』がスタートして、浪曲の勉強もすることになる。さらに昭和三十二年に企画した素人の漫才コンテスト番組『漫才教室』がたちまち人気番組となるなど過密スケジュールの日を送っていて、みてたのしむ「OSミュージックホール」に出演している雁之助・小雁兄弟とは全く縁がなくなってしまったのだ。

　昭和三十一年十二月一日から大阪に民間放送テレビが開局した。大阪テレビ・OTVである。雁之助さんがスタートまもない大阪のテレビ局に出演した時のことを書いている。

　やっとコメディーのおもしろさがわかりかけたころ、テレビ出演の話が舞い込んで来たのです。当時テレビといっても今のように朝から晩までやっていたのではなく、テストパターンの合い間に何かがちょっとあるという状態でした。だからセットすらないコント芝居でした。今から考えるとこれがテレビコメディーのはしりだったわけです（「幕のうちそと」）

昭和三十三年・大阪テレビ

昭和三十二年、ラジオの番組づくりにはっきりと手ごたえを感じていた私は、新しい年を迎えて

『漫才教室』公開録音風景。中央でヘッドフォンをつけた私

『浪曲歌合戦』公開録音風景

人気番組『びっくり捕物帳』の人気トリオ、中田ダイマル、森光子、中田ラケット

すぐ、テレビ局への出向を内示された。私にとってはうれしいことではなかった。昭和三十二年はいいことずくめの一年だった。担当している週三本のレギュラー番組が常に聴取率ベストテンにランクされていて、しかもその年の民放祭に出品された三つの番組が全て受賞したので、来年の春には授賞式に出席するようにと言われていたのだ。

昭和三十二年七月十日、改造岸内閣の郵政大臣になった田中角栄はテレビ免許の認可に積極的に取り組み、民間テレビ局が大阪テレビしかなかった大阪に新しく四つのチャンネルが認可されることになった。十月、大阪テレビは朝日放送か新日本放送（現・毎日放送）か、どちらかと合併することになり、社史『朝日放送の50年』は、その決定が社長たちによるジャンケンできめられた、という当時社員の間でささやかれていた噂について証言を集め、一頁をさいている。噂通りジャンケンできめられた結果、朝日放送が昭和三十三年十二月二十三日に大阪テレビと合併することになり、急遽朝日放送はテレビの制作現場へ社員を出向させせテレビ放送に備えることになり、その第一陣として報道・制作のデスククラス五名と共に私は選ばれたのだが、入社三年目の私には、大阪テレビの看板番組『びっくり捕物帳』のディレクターが新しく出来るテレビ局へ移籍することがきまっていたので、そのあとを担当することが決定事項として伝えられていた。

『びっくり捕物帳』は、この役宅シーンで始まって、終わるのがパターンだった

昭和三十三年二月、私は暗い気持で大阪テレビに出勤した。

「(大阪テレビの)プロパーたちは秘かに〝進駐軍〟と呼んだ」と社史にも記され、私に対してあからさまに言われたこともある空気の中で、出向のメンバー中一人だけ二十代の私は失敗など許されない緊張の連続の毎日を送ることになった。まずは一日も早くテレビの演出法、特にカット割りというラジオにはなかったテクニックをマスターしなくては、ディレクターはつとまらない。そのために、『びっくり捕物帳』だけでなく、空いている時間はスタジオに入ってAD(アシスタント・ディレクター)につかせてもらって勉強したし、ADにつく番組がない時は、近くの梅田東映にとびこんで黄金時代の東映時代劇の殺陣のカット割りを覚えたりした。テレビでは新顔だが、ラジオでたっぷり番組づくりをしているのでテレビの出演者のほとんどが顔見知りで、私の実力も先刻承知という仲だから不安はなかった。ディレクターを担当することになる『びっくり捕物帳』は、主演が朝日放送専属の中田ダ

『パッチリ天国』のレギュラー出演者たちと

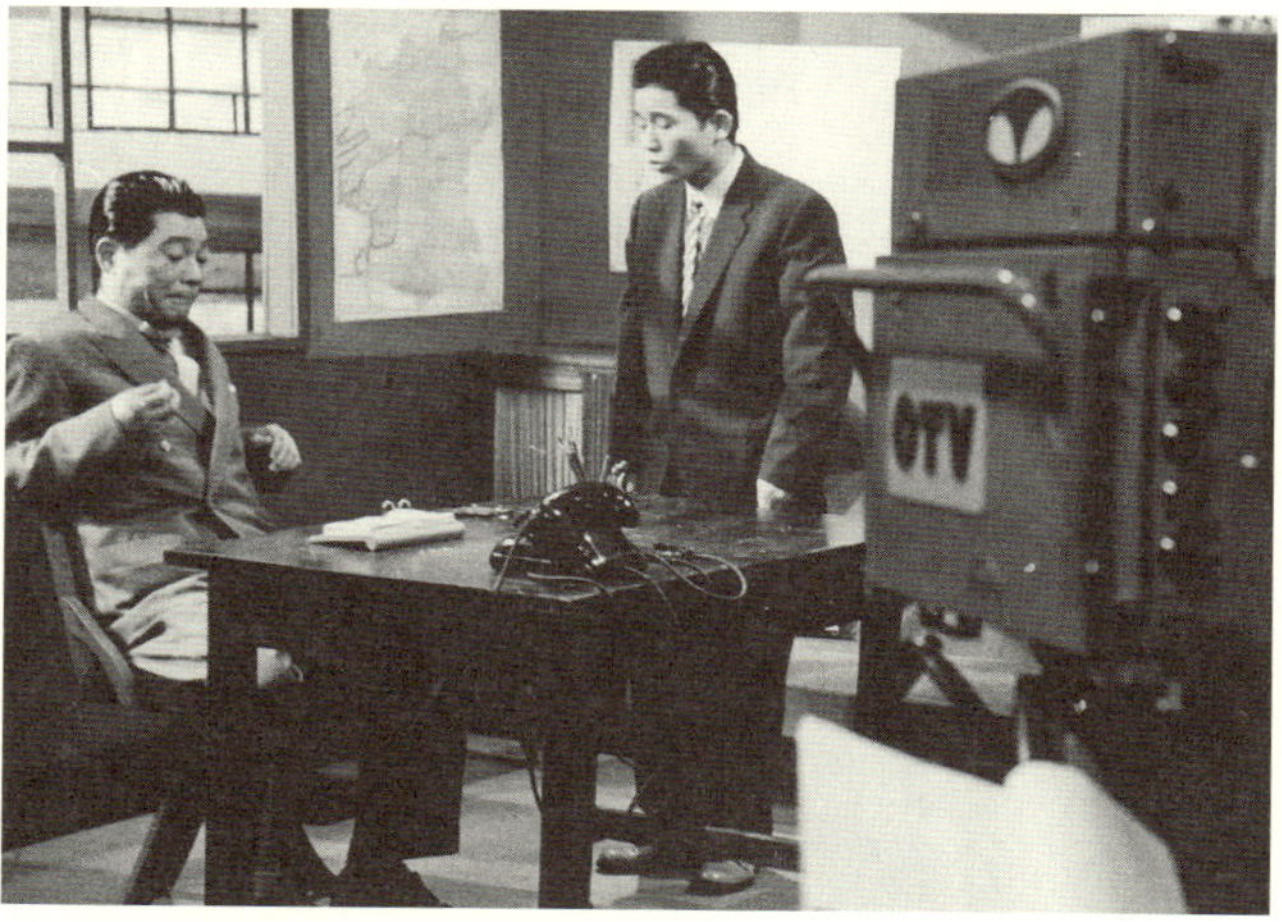

『パッチリ天国』の姿三平、浅草四郎

イマル・ラケットと森光子で、それまで毎週のように顔を合わせていただけに心強かった。この番組で私は藤田まことと出会うのだ。

あのころは全てが生放送だったから、カメラリハーサルが二回以上あり、そのうちの一回をディレクター席に坐ってカメラマンへのカット割り指示の稽古をさせてもらったりもした。三月に入って、四月からスタートするお昼の新しい枠のために出したコメディ企画が通り、タイトルもスポンサーがフィルムメーカーということで『パッチリ天国』ときまった。主演にはみえないロープを売るインチキ商法のネタで売り出し中の姿三平・浅草四郎を起用した。三平・四郎はラジオでは使えないがネタも動きもおもしろいコント漫才だと目をつけていたのだ。周りを固める出演者も動きのできるコメディアンをと、三平・四郎の手引きでストリップ劇場のコントを見て廻り、出演を交渉した。

だがテレビ出演は、リハーサルなど拘束時間が長くて舞台とのかけもちが難しい上に出演料も大したことがないので、何人にも断られ、出演をＯＫしてくれたのは太っちょの田中淳一と人見きよしだけだった。後に「ホント？　チイーとも知らなかったワー」のフレーズで人気が出て、日本テレビで主演番組ができるぐらいのスターになった人見きよしのあのフレーズは、田中淳一の口ぐせをオーバーに真似したものだった。この二人に加えて「ＯＳミュージックホール」の人気コメディアン三浦策郎《さくろう》と、もうそのころは大阪・キタの北野劇場で佐々十郎・大村崑をシンにしたコントに参加していた芦屋小雁を東宝から借りる交渉をした。

芦屋雁之助さんを考えなかったのは、あの迫力が主演の三平・四郎にとってプレッシャーになると思われたからだった。女優陣の一人は「南街ミュージックホール」で開幕当時活躍していた鈴木三三子《みさこ》、茶川一郎夫人でこのころは家庭の人になっていたのをひっぱり出した。もう一人はファッションモデルをしていた前田知子。私が傑作喜劇映画の一つに必ずあげるダニー・ケイの『虹を掴む男』やボブ・ホープの『腰抜け二挺拳銃』などの例をひくまでもなく、「コメディには美女は必須条件」というセオリーを守ったキャスティングであった。ラジオでは考える必要のない苦労がテレビには山のようにあったが、それがたのしさになるのにはそう時間がかからなかった。

四月六日、花登筺の『やりくりアパート』がスタートする。日曜の午後六時三〇分からの全国ネット番組、出演者は佐々十郎、大村崑、芦屋小雁、茶川一郎、横山エンタツ、初音礼子、花和幸助、三角八重、中山千夏がレギュラーで、第一回目はそのほかのアパートの住人もいてスタジオは大混雑、日曜の昼放送の『びっくり捕物帳』のＡＤが終ったあと、『やりくりアパート』のＡＤを担当する私は人をかきわけながらキューを送るという騒ぎ。だがここにも芦屋雁之助さんの姿はなかった。

どういう経緯でこの番組がつくられたかは『私の裏切り裏切られ史』にくわしいし、また当時東宝関西支社でテレビ制作室にいた放送作家の山路洋平さんが平成十七年から平成十九年に『上方芸能』に連載された「関西のテレビコメディ史」の方が資料を駆使している回想録なので、記憶だけで書かれた部分の多い花登筺さんの本よりは正確だが、それでも私の関わった番組については私の記憶や資料と違うところもあって、五十年もたつと、当事者の証言でも真実はどこにあるのかわからない。

『パッチリ天国』は四月十九日からスタートし、私は芦屋小雁さんと二つのスタジオで再会する。『やりくりアパート』のメインの出演者は北野劇場とかけもちするため、リハーサルの時も本番の時も終るやいなや消えてしまう。というわけで小雁さんともほとんど会話をした記憶がないが、『パッチリ天国』では前日のリハーサルも含めて小雁さんとかなり話をする時間があったせいもあって、いまでも気楽に話ができる。しかし、雁之助さんとは終生、気楽にものがいえなかった。

第二章

大阪テレビと私

大村崑・芦屋小雁・雁之助

テレビ放送がＮＨＫだけだった大阪に民間放送テレビがスタートした昭和三十年代、テレビが生んだ人気者として必ず挙げられるのは大村崑、芦屋小雁、芦屋雁之助である。

これは昭和三十四年に毎日放送テレビ（ＭＢＳ）が制作して東京では日本教育テレビ・ＮＥＴ（現テレビ朝日）で放送された『番頭はんと丁稚どん』が、ＮＨＫテレビを代表する人気番組であった『私の秘密』の裏番組にもかかわらず高視聴率をあげ、遂には『私の秘密』を抜いてしまった衝撃の大きさのせいだと私は思う。しかし、そのころのテレビの普及率や、昭和三十四年三月から昭和三十六年十二月までという三年たらずの期間放送された番組であったことを考えあわせると、驚くべき現象だったといってもいい。

毎日放送テレビの社史は、「34年3月のＭＢＳ開局時から6カ月間ぐらいまでの視聴率をＭＭＲ調査の数字でみると、ＭＢＳの夜間帯平均10・5％で、トップの先発局ＡＢＣの21・7％に比べると1／2弱という有様である」と毎日放送テレビ・ＭＢＳの状況を記している。そんな中で開局から九日目の三月九日から放送されたのが『番頭はんと丁稚どん』である。

この〝お化け番組〟の誕生については、毎日放送テレビの社史よりも花登筺さんの『私の裏切り裏切られ史』の方がくわしい。

毎日放送テレビのプロデューサーから「今のスタジオでは手一杯で、なんとか方法はないものですか」と相談された花登さんは、ラジオの公開録音からヒントを得て「公開放送はどうですか」と提案し、北野劇場の歌謡ショーの幕間のコントでやっていた佐々十郎・大村崑・茶川一郎の「番頭と丁稚」のコントをみせた。「これで行きましょう」とわずか一時間足らずで決まり、二週後には、大阪難波にあった東宝直営の南街会館の中の小さな映画館南街シネマで、映画上映の間に三十分割り込むアトラクションを生中継する『番頭はんと丁稚どん』が誕生した。

大阪テレビ社屋

この南街シネマは、かつて茶川一郎が人気を集めて頑張っていた南街ミュージックホールだった劇場だから、照明など実演のできる設備はあるが、テレビで放送するスタッフは大変で、これについては社史がくわしく、花登筐さんはふれていない。

放送前日の日曜夜の、映画終了後、建て込みと舞台稽古、当日の月曜朝、映画の始まる前にカメラリハーサル、そして19時30分から生放送というスケジュールだが、花登筐一流の演出は、稽古のたびに台本にはなかったアイデアが次々と加えられていくし、役者も本番でポンポンとアドリブを出すという具合で、進行のFDをはじめ、スタッフたちの現場は、まさに修羅場であった。（『毎日放送の40年』）

こうしてスタートした『番頭はんと丁稚どん』は七月にMMRの関西地区視聴率で十八位となり、十二月には62・3％で一位、昭和三十五年四月までトップを守るというテレビコメディ最初のお化け番組として、大村崑、芦屋小雁、芦屋雁之助の名前と共にテレビ史に記録されることとなった。

だが、その当時、テレビ番組づくりの真っ只中にいた私は、昭和三十年代を代表する人気者として大村崑・芦屋小雁・芦屋雁之助を挙げることに異存はないが、佐々十郎と茶川一郎を忘れてはいませんかと言いたくなるのだ。

茶川一郎と佐々十郎

佐々十郎の面白さ

東宝の実演劇場だった北野劇場の専属コメディアン第一号で「佐々やん」の愛称で呼ばれた佐々十郎は、昭和五年一月浅草生まれ。少年のころからもぐりこんだ浅草のシミキン一座や、森川信一座で鍛えられたキャリアが花開いたのは、昭和二十六年、関西

人気司会者の大久保怜

北野劇場プログラム

に仕事の場を移し、宝塚新芸座から北野劇場のコメディアンになってから。

敗戦後、丸の内の東京宝塚劇場が進駐軍のアミューズメントシアター「アーニーパイル劇場」として使用されていたように、北野劇場も昭和二十一年、進駐軍に接収されたので、東宝の実演劇場は梅田劇場で、私はここでブギの女王笠置シヅ子の実演やエノケン劇団やロッパ劇団の芝居をみている。昭和二十七年に接収解除、北野劇場は東宝映画の封切り館として再開、昭和二十九年三月から東宝映画と実演を週替りで上演する実演劇場となった。

大阪ミナミの大劇《だいげき》が松竹系の映画と実演、キタは北野劇場が東宝系の映画と実演、と張り合っていたから、映画大好き実演大好きの学生だった私は忙しかった。北野劇場の実演は東京の日劇の引越興行が中心で、大劇はベテラン歌手の実演が多かったが、北野劇場は東京で話題の新しいスター歌手の実演と東宝映画のスターの実演がみられるのが楽しみだった。笑いが大好き人間の私は歌のつなぎのコントがお目当てだったから、東京からきたコメディアンに東京なまりの大阪弁でからんで笑いをとる佐々やんのおもしろさをいち早く発見していた。日劇の引越興行といっても全てのキャストを連れてくるわけではなく、北野劇場は男女五十数人のダンシングチームＫＤＴとフルバンドのオーケストラを専属でもっていたし、大阪に達者なコメディアンがいれば東京から全て連れてくる必要はなくなるので、佐々やんの役割は次第に大きくなっていく。

北野劇場の大阪勢の実演の顔ぶれは、ラジオの人気番組をもっていたミヤコ蝶々・南都雄二、中田ダイマル・ラケット、大久保怜、川上のぼるといったところで、佐々やんは劇場付きのコメディアンとしてつっこみもやればつっこみボケもやるという獅子奮迅の活躍をみせ、北野劇場専属コメディアン第一号となる。

昭和三十年、花登筐さんはＯＳミュージックホールで新人を集めて自分の納得できるコントをつくりたいと、「大久保怜さんなる大阪ではラジオの早口司会で名をなしていた俳優の付き人であった大村崑君や、ドサ回り専門の芦屋雁之助、小雁君兄弟と、まだかしまし娘の名もついていず、長女の歌江さんも参加していない正司照江、花江さんの姉妹漫才コンビ」（『私の裏切り裏切られ史』）を起用するが、なかなか成果が上がらない。給料も安いし、貧乏なコメディアンの面倒をみる余裕もない花登筐さんの窮状を知った北野劇場の角倉節朗支配人が、北野劇場のショーの構成台本を依頼してくれた。

ショーや芝居が飯より好きだという角倉氏からもらった一週間で一万二千円の脚本料は助かった。そこで知り合ったのが主役コメディアンの佐々十郎君で、そこで大村崑君を初めて準主役に起用した。それが佐々やん崑ちゃんと称されるコンビの始まりである。(『私の裏切り裏切られ史』)

大村崑のおもしろさを発見した花登筐が、佐々十郎と組んだときから新しいテレビの笑いが誕生した。同じころにテレビで笑いの番組をつくらされていた私は、ラジオで徹底的に会話による笑いを追求してきただけに、その延長線上でテレビの番組づくりをするしかない。それにテレビ番組の出演者も、大阪では中田ダイマル・ラケット、ミヤコ蝶々・南都雄二を筆頭に、ラジオと舞台で活躍している漫才出身者が多かったのだ。

昭和三十年、私がラジオの制作部員として連日通っていた寄席に出演しているベテラン漫才師には、みせるおもしろさで終始するためにラジオに出演したことのないコンビもいるにはいたが、ほとんどの漫才師、特に若いコンビは全てセンターマイクから離れないラジオ対応の漫才をやっていた。そんな中で、あのころ爆笑王の名をほしいままにしていた中田ダイマル・ラケットの漫才は、ラジオだからといってそれまでの動きのおもしろさの多い漫才のスタイルをかえなかったから、テレビ出演によってそのおもしろさは倍加されることになる。

ダイマル・ラケットだけではない。あのころのテレビの番組表の中からお笑い番組をピックアップすると、佐々十郎・大村崑のコンビが登場するまでの大阪のテレビの笑いは、アチャコ・エンタツを筆頭に、蝶々・雄二、芦乃家雁玉、浮世亭歌楽などラジオで活躍している漫才師が支えていたことがわかる。実のところ佐々やん崑ちゃんのコントの笑いも、漫才と同じ、つっこみとボケで組みたてられている。しかし、佐々やんのつっこみは、見すかされてはいるが、自分だけが得をしようというズルさと冷たさで支えられており、一方、お人好しの崑ちゃんに与えられる設定は、常に

アボット・コステロ

どこまでも続くドジと不運の連続である。

佐々やん・崑ちゃんと同じような性格設定からくる笑いの洗礼を、私達の世代は、戦後たて続けに封切られたアメリカ映画の「凸凹《デコボコ》シリーズ」でうけていて、かつて榎本健一が、エディ・キャンターの映画をみて、子供のころみて笑ったチャップリンやキートンの短篇の笑いと違うものを見出して熱中し、そっくりに模倣したように、花登筺も、佐々やんにバッド・アボット的性格を見出し、崑ちゃんにルー・コステロの役割を演じさせたのではないだろうか。

十五年間で三十六本もつくられたアボット・コステロ主演の映画は日本では全て「凸凹」とつけられていて、私がみた大阪の封切館はいつも超満員でどの作品も笑い声でどよめいていたものだ。

いま、その全てがアメリカ版のＤＶＤではみることが出来るが、日本語版には数本しかなっていない。封切当時は最高に笑える映画だったのに、いまみてもおもしろいと思わないからだろうか。

『凸凹お化け騒動』『凸凹透明人間』『凸凹フランケンシュタインの巻』『凸凹幽霊屋敷』、どれもこれも、太ったコステロが「ヘンなものをみた」といって身体をふるわせてこわがると、調べた相棒のアボットが「いないじゃないか」と平手打ちをくわせる、タイトルを見ればこのおなじみのギャグが必ず出てくる設定になっていて、『凸凹宝島騒動』『凸凹外人部隊』『凸凹西部の巻』『凸凹海軍の巻』などなど、ストーリーの背景は違い、コスチュームが違ってもギャグの運びは似たりよったりだった。私達が「ダニー・ケイもの」や、「ボブ・ホープもの」にたちまち心を奪われてしまったのはそのせいだったかもしれない。チームとしてもマーチン・ルイスの「底抜けシリーズ」が登場するやたちまち過去の世界に置きざりにされてしまったのだ。そして北野劇場の舞台に突然現われた佐々やん、崑ちゃんのコンビの中に、花登筐によって埋めこまれたアボット・コステロの笑いが、テレビという新しいメディアの中で新しい笑いとして開花することになる。

大阪テレビ草創期

大阪に民間放送のテレビ局、大阪テレビ・OTVが誕生したのは、東京の日本テレビが開局した三年三カ月後の昭和三十一年十二月一日、それまでは二十九年三月一日に開局したNHKテレビだけだったから、NHKと日本テレビが激しく主導権争いをした東京と違って、テレビが話題の中心になることはなかった。ラジオ番組は全くテレビの影響をうけることはなく、聴取率三〇%の人気番組の出演者たちをみるために公開放送の会場にも、出演する実演劇場にも、大勢の人が集まった。

そんなせいだろうか、そのころのテレビ番組の思い出を書いたものを探すと、放送局の社史の類《たぐ》いを除いてほとんどないといってもいいぐらい少ない。すでにメディアの世界に身を投じていた私だが、全盛を誇る民間放送のラジオのプロデューサーだったから、テレビの草創期のことは全く知らないし、私がスクラップしていた新聞記事も、ラジオに関するものだけでテレビについてのものは見当らない。

いまでは新聞の最終面の全段を費やしているテレビ番組表も、昭和三十二年の放送欄は、ラジオの番組表が半頁、テレビは隅の方にＮＨＫテレビと大阪テレビの番組案内が二十行ぐらいでおさまっている。大阪テレビの放送は昼は正午から一時間、夕方は六時から十一時までの時間帯だけで、日曜でも朝は十一時四十分から、夕方は五時三十分からと、ちょっとだけ早く放送開始する程度だった。早朝から深夜まで放送をしているテレビで育った人達には想像もできない世界である。

ヒット番組を三本も担当していたラジオの制作部から、ほとんどの人が見ていないテレビの制作部に異動することになった私が、ニューメディアを担当するよろこびなどどこにもなく、かなり落ちこんだ気持でいたことはわかっていただけると思う。

だが、タレント（こんな便利な表現は当時はなかったが）にとっては仕事の場がふえるし、顔がみえるということへの期待は大きかったに違いない。ＮＨＫ大阪を代表するラジオの大ヒット番組『お父さんはお人好し』も昭和三十三年一月三日、正月の特別番組としてテレビでも放映されることになった。

『お父さんはお人好し』は昭和二十九年十二月からスタートした花菱アチャコと浪花千栄子の夫婦に十二人の子供がいるというホームコメディで、アメリカ映画『一ダースなら安くなる』にヒントを得て、『アチャコ青春手帖』以来の長沖一《ながおきまこと》さん快心の作であった。草創期のテレビ番組の誕生秘話を取材して昭和四十五年七月から読売新聞大阪夕刊に五十回連載された「テレビと共に、タレント繁盛記・上方編」によればＮＨＫ大阪にはまだテレビ専用のスタジオがなく、ラジオの公開放送をしていた第一スタジオに茶の間のセットを一つ作り、そこを舞台にラジオとテレビで同時に生放送された。

その時のアチャコの感想、「大勢の出演者が一つのセットで芝居をするのですから、十数人が入れかわり立ちかわり、バタバタし通し。シーンがわりのときなどは、カメラのケーブルにつまずいたりして楽屋は大騒ぎでした」。浪花千栄子は「アドリブで出していたおもしろ味を、テレビでは絵で見せられるので、大変興味を感じました」とテレビ初体験を語っている。

『お父さんはお人好し』公開放送風景

芦屋雁之助さんにもそのころのテレビの思い出がある。ＯＳミュージックホールへコメディアンとして加入して「やっとコメディーのおもしろさがわかりかけたころ、テレビ出演の話が舞い込んで来たのです。当時テレビといっても今のように朝から晩までやっていたのではなく、テストパターンの合い間に何かがちょっとあるという状態でした。だからセットすらないコント芝居でした。今から考えるとこれがテレビコメディーのはしりだったわけです」と、昭和四十二年大阪の夕刊紙『大阪新聞』に連載された最初の自叙伝「幕のうちそと」に書いている。

朝日放送の社史『朝日放送の50年』の資料集に大阪テレビの開局から放送された主だった番組のリストがあって、その昭和三十二年十二月三十一日の夕方五時から放送された花登筐脚本の三十分番組、テレビ・ミュージカル・ヴァラエテ『花のファンタジー』の出演者名に、司葉子・団令子・佐々十郎の次に芦屋雁之助の名前があるが、それが芦屋雁之助さんの思い出にあるテレビ初出演の番組なのかどうかはわからない。ただ花登筐さんはこの年、大阪テレビで『連続少年探偵シリーズ』や『仲良し探偵団』などの十五分の連続ドラマの脚本を書いていて、毎日のように大阪テレビへ顔を出していたから、雁之助さんの思い出に残っているような「ちょっとしたコント番組」もあった可能性は高い。

OSミュージックホールに入って三年目になる昭和三十三年八月から芦屋小雁さんは、北野劇場のコメディチームに参加する。そのことを雁之助さんは「幕のうちそと」に、

OSミュージックで三年目に長いことつれそった女房役の小雁とも別れました。別にけんか別れしたわけではなく、お互いが伸びるためには、しばらくはその方がいいのではないかと思ったからです。

小雁はOSミュージックと同じ系統の北野劇場へ移りました。当時の北野劇場には佐々十郎さん、大村崑チャン、てんや・わんやさんなどがコメディアンとしていました。


と書いているが、小雁さんが加入する前の北野劇場のコメディチームは、佐々十郎、大村崑に、南

街ミュージックホールが閉鎖されて北野劇場に籍を移した茶川一郎のトリオで獅子てんや・瀬戸わんやは「春のおどり」や日劇の引越興行の時だけの出演だった。

小雁さんが加入する一カ月前の『第2回北野の夏のおどり』のコメディチームは、佐々十郎・大村崑・茶川一郎で、そのプログラムに「三無頼談義」と題して大阪の演劇記者の〝うるさがた〟として知られた谷村陽介さんが「もしもだ。佐々十郎・茶川一郎・大村崑の三人を北野ショウの舞台から抜いてみたときに、彼らの真価が判る。ときどき櫛の歯が抜けるように、佐々やんが撮影に行って、お休みとなる場合が起る。そのときのお客さんの淋しそうな様子は、ハタで見る眼も、気の毒で痛ましい。(中略)茶川くんが、ゲイのゲイを演る。つまりゲイボーイの芸を見せる。巧いのだ。スコブル巧い。本職より巧いから、果して彼もソーデワナイカなどと浅はかなことを思ってはいけない。茶川くん苦心の術であることをユメにも疑ってはならぬ。(中略)〝アレはだれだい?〟〝大村崑という新人です〟〝伸びるね〟某氏と宣伝子の対話である。ズリ落ちそうな眼鏡を鼻にのせて、頭のてっぺんから、妙な音声を発する男、新人にしては大胆な演技、それがわれわれの印象にのこった崑ちゃんなのだ。目下はチョコマカと、忙がしそうに小さな身体を舞台に動かしている。しかしだ、だれが他日この少年、ではない好青年が三木のり平の如き大スタアにならぬとも限らぬと保証せずにおこうか。(果報は寝て待て、デアル)」とこの時点の佐々やん、茶川さん、崑ちゃんの人気のポイントを書き残してくれているが、そのころ宝塚映画の出演があった佐々十郎のことは書いているのに『やりくりアパート』のことは一切ふれていないのもあのころのテレビの地位を示している。

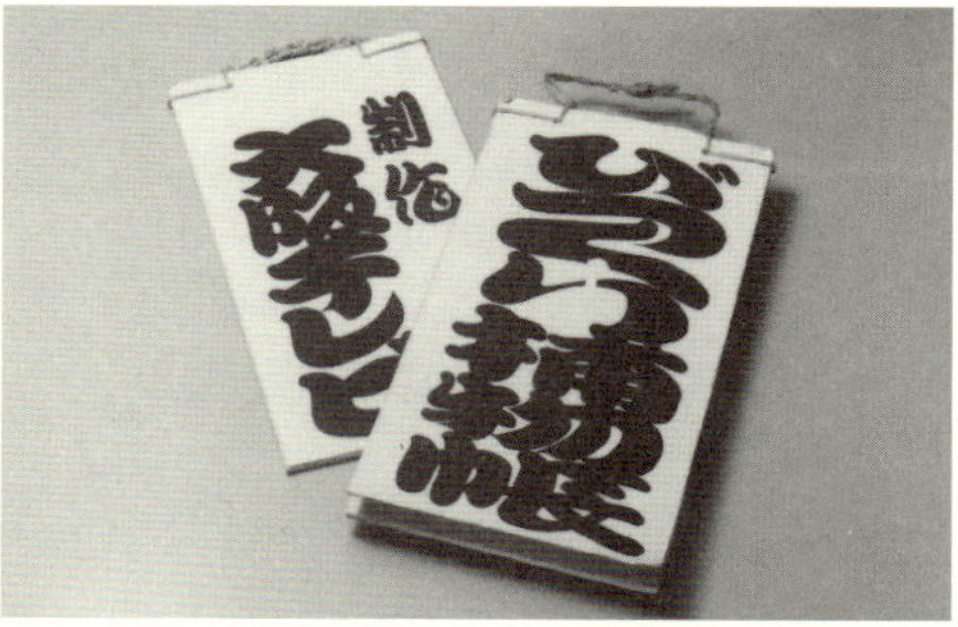

『びっくり捕物帳』放送100回記念に私が制作した記録集

『やりくりアパート』

大阪発のテレビコメディについて、朝日放送の社史『朝日放送の50年』の本史は「ＯＴＶのお笑い路線」の見出しで、

> ＯＴＶ娯楽番組のもうひとつの大黒柱は、上方お笑い路線。すでにラジオで朝日、新日本双方がしのぎを削っていたから、その影響もあって、多彩な上方芸能の人材が育っていた。それらタレントを存分に使って、ＯＴＶは開局時から、大阪の匂いを発散させたコメディの制作に励んだ。

ＯＴＶの娯楽番組の大黒柱のもうひとつは大阪の役者で固めたドラマで、昭和三十二年、三十三年と二年連続芸術祭奨励賞を受賞して気勢が上っていた。お笑い路線の第一弾は昭和三十二年春から日曜の昼の時間帯で放送された『びっくり捕物帳』。朝日放送の専属タレントとして人気絶頂だった中田ダイマル・ラケット、森光子のテレビ初主演とあって、たちまち大阪テレビＯＴＶの看板番組となった。

昭和三十三年二月にＯＴＶに出向した私は、『びっくり捕物帳』の担当ディレクターが毎日テレビへ移籍するので番組を引き継ぐことがきまっているというきつい状態の中で、ＡＤにつくことになった。この『びっくり捕物帳』のスタジオで、森光子の兄の役でレギュラー出演していた新人の藤田まことと新人ディレクターの私は、運命的な出会いをする。

ＯＴＶの上方お笑い路線の第二弾は、昭和三十三年四月六日、日曜の夕方六時三十分からスタートした『やりくりアパート』。スタートしたばかりの東宝テレビ制作室関西支社の持込み企画である。この番組の成立については、大阪のテレビ史の神話時代のことだから、例によって書かれた資料は数少ないが、『私の裏切り裏切られ史』には花登筐さんの側から見た企画成立から、スポンサーとの折衝、無名のタレント起用の苦労話などが「『やりくりアパート』登場」として四頁にわたって書かれているし、その後発刊された朝日放送の社史『朝日放送の50年』では、「本史」で一一行、「番組おもしろ史」では二二〇行、四頁も費やして誕生のエピソードを紹介している。更に二〇〇五年には、当時東宝テレビ制作室の新人プロデューサーとして『やりくりアパート』の担当をしていた放送作家の山路洋平さんが『上方芸能』誌に連載した「関西のテレビコメディ史」の中で四回に亘って書いてくれた。それに、なによりも『やりくりアパート』はスタートから数回、ＡＤについていた私にとっても忘れがたい番組なのだ。

そして、それぞれの記憶が微妙に違っているのがおもしろい。


こちらは佐々十郎、大村崑、茶川一郎、芦屋雁之助・小雁らの出演する現代コメディ番組で、当時の切実な住宅難を大阪流に笑いで風刺したのが大受けした。番組の中で大村崑がダイハツの小型オート三輪〝ミゼット〟の生ＣＭを軽妙な身振りで連呼して、人気急上昇させたりした。町を走っている実物のミゼットを停めて、ドライバーごとスタジオに引っ張り込んできたり、演出も大阪流のアドリブに徹していた。

『やりくりアパート』の大村崑、佐々十郎、芦屋小雁、茶川一郎、筧浩一

『やりくりアパート』は一〇〇回で終わったが、いつも人気絶頂のプロレス中継と視聴率を争い、ときにはそれを超えて50・6％という驚異的な数字を記録した。（『朝日放送の50年 Ⅰ 本史』）

「番組おもしろ史」では担当ディレクターの多田尊夫さんが花登筺さんが書いていないエピソードを語っている。無名のコメディアンが主役とあって、スポンサーに難色を示され、「たしかに、新人ばっかりではどうにもならないので、〝上置き〟に抜群の人気があったエンタツを持ってきたのです」。しかも初回は東宝の肝いりで森繁久彌に出てもらったという。

「このアパートからは、通天閣が見えます――といった番組紹介を2、3分しゃべってもらいました。この部分はスタジオで、キネコで撮ったのです。森繁のスケジュールもきついし、とてもじゃないがナマ放送にはつき合ってもらえなかったからです」（『朝日放送の50年　Ⅱ　番組おもしろ史』）
ラジオの朝日放送からこの年の二月十日にOTVへ出向してテレビ見習中だった私も、四月ごろにはいっぱしのテレビマンになっていて、この新番組のADにつくことになった。
ということで私にも『やりくりアパート』のことを語る資格があるのだが、私は社史を読むまで、この「森繁久彌出演シーン」があったことすら知らなかった。ADというのはそんなもので、スタジオの中で起ったことは全て知っているが、ディレクターが放送の采配を揮う副調整室《サブコン》での出来事には全く関心がないものだから、事前にキネコフィルムで撮影して番組のトップに放送された部分については記憶にないのだ。

新番組に混乱はつきものだが『やりくりアパート』は出演者が多い上にアパートの子供役で出演している子役には親がついているというわけでスタジオは人だらけ。その上誰が考えたのか第一回目の出演者の紹介に、スタジオにぎっしり建てこまれたセットの中央、つまりカメラが動く部分いっぱいに、胴体がマンガで描かれ頭の部分だけ円くきりぬいたパネルが置かれていて、アパートの住人役の出演者が頭を出すという趣向になっていたから、本番前は大騒ぎ。ADの私は誰が誰やらわからない出演者の確認をするのが精一杯だったので、番組がどんな風にスタートしたか全く覚えていない。このタイトルのアイデアは一回きりで終ったから不評だったに違いない。

最初から大混乱の第一回放送の内容については何も覚えていないが、旧知の雁之助さんがチョイ役だったせいとアパートの住人でないためタイトルパネルにも入らず、スタジオの隅にブゼンとした表情で立っていたのを何故か覚えている。

テレビ史に必ず語られる『やりくりアパート』の〝ミゼット〟の生コマーシャル誕生秘話は、

『やりくりアパート』のミゼット生コマーシャル

『私の裏切り裏切られ史』から引用されることが多い。

毎週日曜日の生放送の日、私はスポンサーの宣伝課長と、広告代理店の小松課長、局の担当の営業課員とＯＴＶのスタジオで立ち会う。

ある日のことだった。もちろん、コマーシャルも生放送であったが、あいにく、そのアナウンサーが、ダイハツと商売仇のマツダのコマーシャル役と兼任していたため、こともあろうに、ひょいと「ダイハツ提供……」と言うべきところを「マツダ提供……」と言ってしまったのである。（『私の裏切り裏切られ史』）

このハプニングに花登筐はスタジオにすっ飛んで行き、出番のないわずかな時間の隙に佐々・大村崑を呼び、「番組の終わりのコマーシャルを君たちがやれ」と命じたというのが「ミゼットの生コマーシャル」が生まれた事情だと書いているが、この時東宝テレビ制作室の新人プロデューサーとして『やりくりアパート』の誕生に立ち合っていた放送作家の山路洋平さんの『上方芸能』二〇〇五年三月号から連載された「関西のテレビコメディ史」によれば、

これはヒットCM誕生秘話を面白おかしくした花登創作説、とする向きもあり、真偽のほどについて生憎わたしは、制作費の受け取りなど雑用に追われ、その現場に居合わせていなかったので、定かではない。いずれにしても、生CMに支障をきたし、花登さんが崑ちゃんに「ミゼットを連呼せいッ」と窮余の一策を授け、崑ちゃんは「ミゼット、ミゼット……」と必死で叫びまくる。佐々やんは崑ちゃんが一息つく一瞬の隙をつき、「ミゼット！」と決める。そして、かれの持ちギャグである「いうたったぁ」でオチをつけた。このヒットCM誕生に関しては、佐々・崑コンビのとっさのアドリブから生まれた、とみているのだが……」（『上方芸能』二〇〇五年九月号）

と、異説をとなえる。

私はADとしてスタジオの半分をコントロールする役割を仰せつかっていて、その中に生CMの部分が入っていた。映画の予告編づくりは助監督の仕事だときいたことがあるが、生CMはADの仕事だったから、私も三月頃からは、料理番組のユーモアコマーシャルをコメディアンをつかって放送する担当をこなしていた。

そんなわけでこの『やりくりアパート』の生CMは私の担当になった。証言者としていうならば

山路洋平さんの指摘の通り、花登筐さんは話をおもしろくするためにかなりつくり込んでこの大ヒットコマーシャル秘話を語っているうちに、それがいつの間にか実際の体験談になってしまったに違いない。歴史伝説はこうしてつくられるのだと思う。

ただ、重大な失敗をしたとされているアナウンサー、女子アナの一期生で最も落ちついた、信頼性の高かったアナウンサーの名誉のためにも、この生CMの誕生の瞬間を書いておこうと思う。

まずは花登説の「ある日のことだった」というのは事実ではない。あの生CMは第一回の放送から時間のクッションとして、後コマーシャルでつくられたものである。まだ私の記憶も確かな、いまから二十年余前に、『オール讀物』に、私が書いたもので証明したい。

ミゼットCM誕生の舞台裏

日曜の私は昼の『びっくり捕物帳』の本番が終わると、続いて『ナショナル日曜観劇会』のナマコマーシャルのフロアディレクター、そのあと続いて『やりくりアパート』のリハーサルが入るというスケジュール。『びっくり捕物帳』は前日からちゃんとくり返しリハーサルをしてナマ放送を迎えるのだが、『やりくりアパート』は、大村崑・佐々十郎・芦屋小雁・茶川一郎といった主役のコメディアン達が北野劇場の舞台とかけもちしている関係で、日曜の午後から一度セットで立稽古、終わると再び劇場へとんで帰る。戻ってきたところで直ちにカメラリハーサル、終わるやいなや本番というスケジュールが最初から組まれていた。『びっくり捕物帳』しか知らない私は、全く違うやり方に驚いたが、本番当日になってもっと驚いた。

スタジオに入るとステージのメイキャップをした出演者がウヨウヨしていて、そのほとんどがテレビ初出演。私より不慣れな人が多いスタジオで、舞台では活躍していたが、まだほとんど無名の花登筐さんの演出でリハーサルがはじまった。手なれた人さばきでリハーサルが進行し、なんとか最後までたどりつくやいなや、花登筐さんの、

ミゼットの CM 担当の佐藤和枝アナウンサー

「じゃ、行って!」

という言葉と同時にほとんどの出演者がスタジオから消えた。北野劇場の舞台にすっ飛んで帰るのである。残ったのは横山エンタツ・初音礼子・富士乃章介といったベテランのスター達と私達スタッフ。さすがに花登筐さんだけはスタジオに残ってディレクターの多田さんと変更の打合せをしていたが、二回目からは出演者と一緒に消えてしまった。

コマーシャルは軽三輪車の「ダイハツミゼット」をスタジオに持ち込んでナマでやることになっているのに、その場所がない。「ミゼット」はスタジオの外に置いてあるのでどうするのか多田ディレクターにきくと、これがこの人のもののいい方だった軽い調子で、

「うん、このセット、バラして、ホリゾントの

前でやるの」

「えッ、本番中にですか」

「そうよ、本番中にやらな、いつやるのん」

「そらそうやけど多田さん、一ぺんやっとかないかんと違うかなア」

「大丈夫、このセットが無いつもりでカメリハやればいいのよ」

落ち着いたものである。（中略）

やがて舞台を終わった出演者達がドヤドヤと戻ってきて、すぐカメラリハーサルがはじまる。舞台で別のセリフを喋ったあとに、その前に覚えた『やりくりアパート』のセリフを忘れずに言えるという才能に驚きながら、次に自分の出るセットがわからずに、ウロウロする不器用なコメディアンの手をひっぱって走ったりしているうちにもう本番の時間。

「多田さん、長いんと違いますか」

とインカムできくと、

「長いねえ、本番中に切るさかい、頼むえ」

と落ち着いた声が返ってきた。

トークバックが「本番三十秒前……よろしく」と叫ぶ。

さっきまでワンワンうなっていたスタジオが一瞬にシーンとなる。みんな息をつめて三十秒待つ。そして私の合図と共に一気に番組が走り出す。半分位進行したところでカットのシーンを指示してくる。スタンバイしている出演者のところへ行ってカットを伝えると、そこしか出番のない連中は何か言いたいのだろうが本番中だ、大きな声が出せないで口をパクパクさせているが、そんなのにはかまわず私はすぐスタジオの出口へ走る。ホリゾント前のセットを大道具さんがそっと音をたてないように運び出しているのと入れかわって、私は「ミゼット」を入れて位置を確かめる。どこにいたのか「ミゼット」の横には女性アナウンサーがいつのまにか立っていてコマーシャルメッセージをくり返し練習している。照明がついてカメラが一台セットの間を走ってくる。器用に大きなカメラを操ってピタリとミゼットの前でとめる。NHKから引きぬかれてきたベテランのカメラマンの腕のみせどころである。アパートの玄関のセットでラストシーンが終わって大村崑と佐々十郎が走ってくる。「ミゼット」のボディのUPからカメラがうしろへ下がると、崑ちゃん・佐々やんが立っていて大阪最初のヒットコマーシャルとして有名になった「ミゼット」のコマーシャルがはじまった。(『オール讀物』一九九四年二月号)

最も近いところにいた目撃者の証言である。

香川登枝緒のテレビデビュー

やがて朝日放送と毎日放送に分割される運命にあった大阪テレビ・OTVの制作部は、五月に入り、毎日放送が正式にスタートして、各セクションにいた毎日新聞社や新日本放送(現・毎日放送)からの出向者が抜けはじめると、それまでの一体感が全くなくなって、急に落ち着きのない職場になっていった。

私はというと、担当ディレクターが毎日放送へ移籍するために、OTVの看板番組『びっくり捕物帳』の後釜のディレクターになることがきまっていたので、テレビの演出がちゃんとできるようになるための勉強に明け暮れる日々を送っていた。一方では、四月からの新番組『パッチリ天国』では、放送時間が土曜のヒル、主演が新人漫才コンビの姿三平・浅草四郎ということもあって、担当の今井久正ディレクターから、台本づくりとキャスティングをやってみないかと言われて勉強の合間に動いていたから、かなり充実した日々だったのだ。

そんなわけで、私の『やりくりアパート』AD修業は一カ月ぐらいでお役御免になったのではないかと思うのだが、私が断片的に思い出す『やりくりアパート』の日々の中に、人気が出てくる時のコメディアンの変化を見たのと、〝この番組はいけるぞ〟という手ごたえをスタッフも感じたという貴重な体験の記憶があって、そう考えると二カ月ぐらいはADについていたのかなと思い直したトタンに筆が止まる。

放送台本が手許にあればこんなところでストップすることはないのだが、どうして映画や演劇の喜劇の台本はちゃんと残っているのに、テレビコメディの台本は皆無に等しいのだろうか。テレビ番組のことを調べるのに、放送日、制作スケジュール、出演者の配役表、スタッフ表が入っている台本が一冊あればどんなに助かることか。

私がラジオの仕事をはじめたとき放送局では録音テープを使っていたが、ラジオを聴いている人が録音する手段はまだなかった。テレビはといえば生放送でスタートしたメディアで、見た人の記憶にしか残らない〝ハカナイ〟メディアだったから、私はせめて自分の演出した番組ぐらいは台本とシーンの写真を残しておきたいと心がけて五十年、番組をつくり続けてきた。というわけで私の最初のテレビ番組『パッチリ天国』は、毎回の台本とシーンごとの写真が残っているのだ。

ところが、この十九回続いた『パッチリ天国』の、カット割が入った私の演出台本も含めると三十冊をこえる台本の箱は、この連載を始めて芦屋小雁さんとのつながりを確認する必要がある今回まで一度も開けたことがなかった。『パッチリ天国』で知ったいろんな出来事は私のテレビ演出の原点となっていることばかりで、記憶がはっきりしているという自信があったからだ。

私の記憶だけで書けば、第一回の構成は、主演の姿三平・浅草四郎のヒットネタである「街頭で見えないロープを売るインチキ物売り」のコント風漫才をテレビコメディに仕立てたもので、作者は倉田一平である。じつはこの新番組のスタッフになり台本づくりをまかされた私は、ラジオコメディでコンビを組んできた香川登志緒さんに相談し、ラジオでは使えなかった三平・四郎の「見えないロープ」を笑いの肝《きも》にした脚本を書いてもらった。姿三平・浅草四郎のことを覚えている人もほとんどいなくなったが、このころは戦後にいくつもあった軽演劇の一座の出身で、トボけた会話のおもしろさが売りの漫才コンビで中田ダイマル・ラケット、夢路いとし・喜味こいしに続く男コンビとして大いに期待されていたのだ。

練りに練った自信作が出来上ったらプロデューサーから、「作・香川登志緒ではマズイよ。ラジオで漫才書いてる人だろう」という、私には驚天動地のダメが出た。これまで大阪テレビでは映画のシナリオか舞台の脚本を書いた実績のある人しか起用しないとの不文律があるからというのだ。私はこれまで私とやってきた連続コメディの実績をいい立てた。そんな私の剣幕に〝誰か分らなければいい〟というフシギな妥協案が出て、私がラジオ時代に使っていた倉田一平というペンネームを使うことになったのだ。

はじめて書くのだが、このペンネームは、昭和三十年ごろ、漫才の台本代も払えない新人漫才だった正司照江・花江のネタの相談にのっていて、「それ、書いて下さい」と頼まれて私が書いた原稿のタイトルの横に書くためにカッコつけにつけたものだ。その後彼女たちは、昭和三十一年、一番上の姉、歌江さんを復帰させて「かしまし娘」を結成、漫才界では破格の売り出し方でデビューした。その時のネタは、当時大劇や南街ミュージックホールのショウ構成・演出で大活躍をしていた大村順一さんの構成したものだったがそのネタはショウ的要素が強くてラジオでそのおもしろさが伝わらないのは明らかで、デビューにあわせて放送することになっていた『東西寄席風景』の担当の私は困ってしまった。大村順一さんがつくりあげたネタの代りを、新人の香川登志緒さんに頼むわけにはいかないことぐらいの常識は一年の経験で身につけていたから、それまでの流れから私が「東北歌の旅」というネタを書きあげて間にあわせたことがあり、手書きの漫才台本の表紙に倉田一平と名前は書いたが、その名前が放送されるわけではなかった。漫才のネタは本人がつくったものという考えだろう。その頃すでに民放ラジオでは、ダイマル・ラケットをはじめいろんな漫才の台本を書いていた香川登志緒だったが、名前がアナウンスされたことはない。例外的に、「作・秋田實」というアナウンスはあったかもしれないが……。

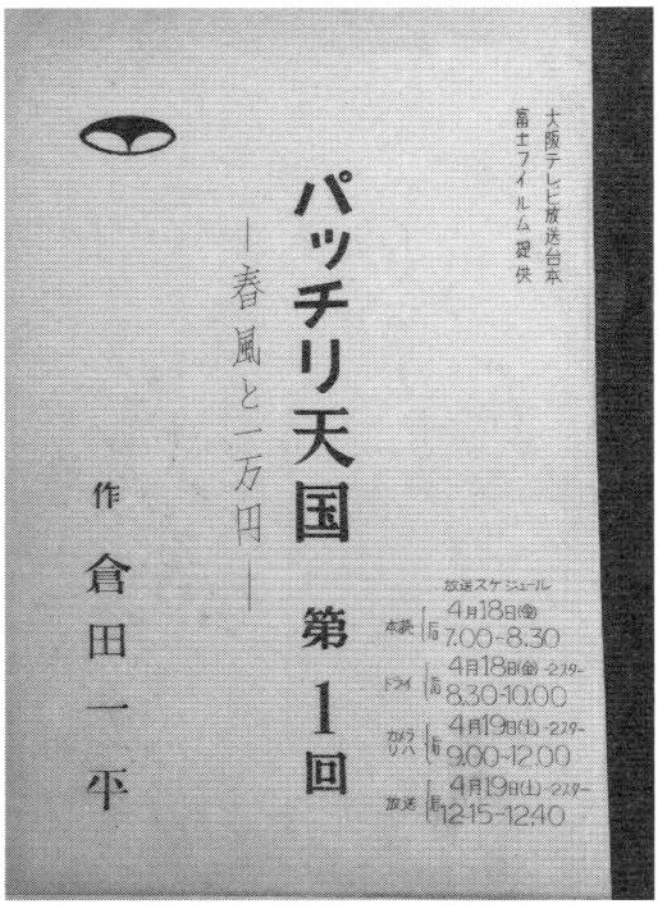

『パッチリ天国』第１回台本

　私の漫才のネタづくりの才能は、ラジオ時代の私のヒット番組だった『漫才教室』で、毎週、四組から五組の素人漫才の出場者のネタを放送できるレベルまで手を加えるという作業で発揮されたが、倉田一平というペンネームも使うことはなかった。テレビのバラエティ番組でも演出の名前を明記するようになったいまとちがって、ドラマ以外では社員の担当する番組で名前を出すなどとんでもないという時代に育った私に、はじめてのテレビ作品に自分の名前を出せないことの痛みがよくわかっていたとは思えない。テレビの番組づくりに参加できることの大きさの前に、何もいわずに了解してくれた香川登志緒さんだったが、深く傷ついていたに違いない。香川登枝緒と改名されてから書かれた数多くのコラムを読み返してみたが、このいきさつについては一切触れていない。

かしまし娘結成当時のブロマイド。正司照江、歌江、花江

倉田一平のことなど誰知るまいと思っていたら、あれから五十年たって、山路洋平さんが『上方芸能』誌に連載した「関西のテレビコメディ史」の六回目で『パッチリ天国』のことにふれた中に私のことに関連して書いているのを読んだ時は驚いた。

『やりアパ』（筆者注、『やりくりアパート』の略記）ではＦＤ（フロア・ディレクター）をしていたこともあるそうだが、記憶にないのはＦＤ

の期間はわずかで、『やりアパ』が始まった二週間後には『パッチリ天国』(向後『天国』と略記)のディレクターとして一本立ちしたからだ。澤田さんと親しく話すようになるのは、『天国』出演者に東宝専属者が多く、わたしはその世話もしていたからだ。番組はフジフィルム提供で(当時は、ほとんど一社提供だった)、三十三年四月十九日から八月二十三日までの十九回、毎週土曜日午後十二時十五分から四十分までのスタジオ・コメディー。作者は香川登志緒(後に登枝緒と改名。故人)だけとおもっていたのだが、『朝日放送の50年』の資料によれば代表作者が倉田一平になっている。しかし、ほとんど香川さんが書いていた、とおもう。(『上方芸能』二〇〇六年六月号)

山路洋平さんの記憶の通り、私は一回目のキャスティングがきまり台本が出来上った時に、突然ディレクターもやらないかとディレクターの今井久正さんにいわれて尻込みした。今井さんは私がラジオの新人時代に連日通っていた寄席の戎橋松竹の表の事務所にいたから千土地興行の社員だったのが、大阪テレビで再会した時は、寄席の経験がものを言って、芦乃家雁玉・林田十郎主演の連続コメディや寄席中継など演芸色の強いお笑い番組を一手に引きうけるディレクターとして活躍していた。そんな絡《から》みもあってチャンスをくれたのだろう。それなのにすぐに「ハイ」とはいえなかったのは、恥をかきたくないという気持の方が強かったからだが、「『びっくり』もやらなアカンでしょう。何事も経験です、やんなはれて。私がやれてるんですから」と強く言ってくれた。二台のカメラしかない小さなスタジオで、各シーンが二人の出演者で展開する輪舞《ロンド》形式の構成だからわかりやすいし、なんとかやれるんではないかという判断もあったと思う。引き受けたものの、とても

「一本立ちした」というカッコいいものではなく、ディレクター席に坐って本番が終った時、ズボンのお尻が冷汗でぐっしょりと濡れていたのをいまでも思い出すスタートだった。

山路洋平さんはこの『パッチリ天国』の台本を一回だけ書いている。そのことにふれて、

もう番組の終盤近いころだった、と記憶するが、「香川さんが病気で」と澤田さんがぼやくので、すかさず「書かせてほしい」と売り込む——後に香川さんから聞いたことだが病気の事実はなかった。おもうに、澤田さんは香川さんのホンに満足していなかった？　結果からいえば、わたしのホンは採用され構成ではなく脚本で、わたしの名前がクレジットされたのは、この番組が最初。

山路洋平さんは第十六回の台本を大切に保存してくれているので、出演者のことや筋書にもふれているが、私の記憶では、山路洋平さんを起用したいきさつは違うのだ。『パッチリ天国』ではOSミュージックホールに出演している芦屋小雁・三浦策郎の二人をレギュラー出演させるために東宝テレビ制作室のクレジットをタイトルに入れていたが、しばらくすると花登筐さんに書かせてほしいという要求がプロデューサーからあった。天の声というやつである。ディレクターはそうせざるを得ない。花登筐さんを『やりくりアパート』でつかまえてお願いしたら「忙しいので山路洋平に書かせてやってほしい。私から言ったといわずに……」。

若い私には難問であった。

花登筐さんは後に『私の裏切り裏切られ史』で、天の声で番組からおろされた時のことを怒りをこめて書いているのだが……。

第三章

花登筐と『てなもんや三度笠』

花登筐という人

昭和三十年代の大阪のテレビの裏面史を語ろうとすると、花登筐さんの『私の裏切り裏切られ史』を避けて通れないのだ。昭和五十八年、花登筐さんが亡くなられた同じ年に『週刊朝日』に半年以上にわたって連載されたこの原稿は、連載の予告で「これは私の遺書である」と書いた通り、花登筐さんの遺書になってしまった。実名で「裏切った」と書かれた人達は反論するチャンスもないままに、翌年一冊の本としてまとめられ、昭和三十年代のテレビ番組を語る一級資料としていろんなところで引用されることになる。

季刊誌『上方芸能』が花登筐追悼の特集を組んだ昭和五十九年一月の83号から「花登筐の全業績・その果した役割と位置」を連載している。筆者は若き日の豊田善敬《よしのり》さん。冒頭の昭和三十年代から昭和四十年にかけてのテレビでの活躍ぶりを紹介している記事に、当然かもしれないが『私の裏切り裏切られ史』の引用があり、「花登筐年譜」でも昭和三十年代の前半はプログラム資料のほかは引用が中心となっている。

「花登筐年譜」の昭和三十四年の項に「東宝関西支社に芸能課がつくられ、花登及びコメディアンはその専属契約者となる。後、芸能課がテレビ課に変更され専属作家として花登筐、助手に新野新、山路洋平の2人。池田幾三がのちに加わる」(『上方芸能』84号〈昭和五十九年四月〉)とある新野新、山路洋平さんが、やっとというか最近になって昭和三十年代のテレビのことを書いてくれたので、『私の裏切り裏切られ史』一辺倒にならずにすむとほっとしている。

『私の裏切り裏切られ史』が『週刊朝日』に連載中は、毎週発表されると同時に関係者の間で電話がいききし、私のところへも「あれはひどい」と訴える電話がかかってきたりした。大阪のテレビ関係者の間ではかなりの悪評だったが、花登筐さんはそれをたのしんでいる風で、連載の中で反論したりしている。

花登筐さんのことは、『やりくりアパート』のころはADとして知っていたが、みるからに不健康そうで無愛想で、とてもコメディを書きギャグを考えるとは思えない暗い雰囲気の人だったから、お会いしても挨拶程度でちゃんとした話をしたことはなかった。

花登筐

それが東宝専属のコメディアンを借りるためにクレジットされていた東宝テレビ制作室の要求だったのだろう、花登筐さんに『パッチリ天国』の台本を書かせろという〝天の声〟で、私は苦手な花登さんにお会いしてお願いすることになる。ところが「忙しいので山路洋平に書かせてやってほしい。私から言ったといわずに……」という私には意外な返事だった。

というのも、ラジオ時代私と香川登志緒

さんの初仕事となった連続公開コメディ『光晴・夢若のお笑い人生修業』が二十六回で企画変更となり、続けて香川さんと組むつもりで企画を考えていたら、〝天の声〟で大阪の高名な作家の弟子を押しつけられて、香川さんには申し訳ない思いをさせたことがあった。大学を出たばかりの私にはかなりの年配にみえたこの先生は、上方の芸道ものを書かせたら第一人者の長谷川幸延先生の新聞連載の代作をやっていたことを初対面の私に誇らしげに喋った。

そんなことがあるなど全く知らないウブな私は、大変な良くないことをきいた時のようにドキドキしたものだ。「よくあることだよ」と先輩のプロデューサーは、それを〝ゴーストライター〟というのだということも一緒に教えてくれた。

花登筐さんの返事をきいた時、意外に思ったのはそんな三年前のことを思い出したからで、私にとって不愉快な脚本家の交替劇も、花登筐さんが山路洋平さんをゴーストライターにするのではなく、若い人にチャンスを与えようとしていることにあたたかいものを感じてしまったからだ。

このことを私だけしか知らない花登さんの「いい話」だと思っていたのだが、弟子であった新野《しんの》新《しん》さんは別の見方を書いている。過労で倒れることの多かった花登筐の代作について『上方芸能』の47号の「回想の「笑いの王国」前後」の中で「如何なる状況にあろうとも、代作者を認める事の出来ない潔癖症である。作家の良心といってしまえばそれ迄だが、世には後輩、弟子の代作をその怠惰故に許すケースと、後進にチャンスを与えるためにわざと許すケースの二つがまゝある。花登氏はそのどちらをも拒否する作家である」と書いているが、これが書かれたのは花登筐さんが健在なころで、亡くなられてから新野新さんが書かれたものや山路洋平さんの書かれたものをよく読むと、全く代作がなかったわけではないようだが、必ず花登筐さんが手を入れられたということでは一致している。

新野新さんは実体験から「花登氏は、潔癖と言うより別の神経があったようだ」（『大阪廻り舞台』）と指摘しているが、『私の裏切り裏切られ史』には、その〝別の神経〟のせいで東宝・松竹の関係者がふりまわされて右往左往するさまが描かれている。

そうして考えると、私の花登筐の「いい話」も、東宝テレビ制作室のムリも承知、香川登志緒さんと私の関係も承知の上で、自分の番組になる可能性は少ないだろう、ならばと、〝別の神経〟が働いて、山路洋平さんを推薦したということだったかもしれない。花登さんの読み通り、私はこれで東宝テレビ制作室へ義理を果たし、あとは倉田一平の香川登志緒さんに戻したのだ。

『パッチリ天国』にゲスト出演した藤田まこと

昭和三十三年七月十二日放送の『パッチリ天国』の第十三回に、私は藤田まことをゲストに迎えて、はじめてのマゲ物コメディ「嵐を呼ぶ渡り鳥」を生放送した。

『びっくり捕物帳』で堅苦しい天満与力の役を演じていた藤田まことを「あわびの千太郎」という二枚目半の旅鳥の役で思い切り動かすというたのしさが忘れられず、後の『てなもんや三度笠』のあんかけの時次郎

誕生につながったのだと思うと、あの時、花登筐さんの〝別の神経〟が働かなかったら、藤田まこ
とも私もどうなっていたのだろう。

『てなもんや…』前夜

『てなもんや三度笠』のルーツともいうべきこの「嵐を呼ぶ渡り鳥」の台本を久方ぶりにひっぱり
出してみたら、全く忘れていたのだが、藤田まことに「旅人《たびにん》ソング」という主題歌をつくって唄わ
せていた。たった一回だけ、二十五分の番組のためにである。しかもタイトルバックに使うのは一
番だけあればいいのに、なんと二番まで作詞している。私はそれくらい藤田まことに入れこんでい
たのだ。

〽雲がとぶとぶ　あの山こえて
　浮世鼻唄　旅人ぐらし
　照る日曇る日　サイの目まかせ
　明日のねぐらは　どこじゃやら
「お控えなさんせ　お控えなすって」
〽あの娘いとしや　夢見る瞳
　花の笑顔を　忘れはせぬが
　ままよ三度笠　横ちょにかむり
「お控えなさんせ　お控えなすって」
　男やくざの　旅姿

五年後につくられた『てなもんや三度笠』の主題歌の原型がここにある。

『パッチリ天国』のディレクター、『びっくり捕物帳』のディレクターと、二つの番組を担当するようになって『やりくりアパート』とは完全に縁が切れて以後、花登筐さんとは直接仕事をすることはなかったが、共通の出演者の数も多く、常に私達の話題の中に登場する存在であった。

その後花登筐さんとはテレビ局や劇場でお会いすることもたびたびあり、あいさつすると「ウンウン」とうなずくようにしながら唇をとがらせて「君のね」となにかは喋ってくれる仲ではあったが『私の裏切り裏切られ史』の連載に私が登場した時は裏切った覚えがないだけにびっくりした。

そして、そこには、私が『てなもんや三度笠』が終ったあと、一度も語ったことがない、どうして高視聴率の『てなもんや三度笠』が突然終了し、黄金トリオといわれた主演・藤田まこと、作・香川登志緒、演出・澤田隆治の「てなもんやトリオ」から私だけがはずれて『てなもんや一本槍』に企画変更されたのかという裏事情が書かれていた。私は思わず叫んだ。

「なんで花登さんが知ってるんだ」

読売新聞大阪版の夕刊に、平成八年一月から十年四月まで一二〇回にわたって連載され、平成十一年に一冊の本にまとまった『上方放送お笑い史』は、読売新聞大阪本社文化部の山森雅弘さんを中心に組まれた取材チームが四年にわたって取材した成果が実って、その後の芸能史に多くの影響を与えている。山森雅弘さんが〝あとがき〟に「足掛け四年にわたって、二百人以上の芸能人、現役・OBの放送局プロデューサー、ディレクター、そのほか放送演芸に携わった方々と直接面談し、貴重な証言をいただいた」と書いている通り、私も何回か取材をうけ、延々喋った記憶がある。取

『びっくり捕物帳』正月の生CM

材機会は延べにして四百回、取材テープは二百五十時間分、こうして集めた証言の裏取りもして「史実としての精度の高いもの」をめざして発表してきたものだが、「ただし、これとて完璧とは言い難い。とりわけ古い過去になると、資料も限られ、あいまいな証言も多い。後年、新たな事実が浮かびあがることもあるだろう」と断わっている。

　五十年以上も放送されたお笑い番組に関わってきた私にしたところで、記憶は次第に曖昧模糊としてきているので資料によって確認する必要があるのだ。

　私にも同じような経験があった。それは、平成六年に『ＮＨＫ人間大学』で「上方芸能・笑いの放送史」を十二回放送した時で、準備のために集めた資料の読み込みの過程で気がつき、調査の結果、それまでの上方芸能史で記述されてきた史実と違う新事実を数多く放送することができた。ところが平成十四年にその番組のテキストに放送の内容を加味して『笑いをつくる上方芸能笑いの放送史』としてＮＨＫライブラリーで出版されることになった時には、放送が終了してから七年の間に発見された新資料のためにかなりの加筆訂正をすることになる。大衆芸能というのはそういう世界なのだろう。

私が演出を担当し、昭和三十七年五月から四十三年三月まで放映された『てなもんや三度笠』については、六年間三〇九回の放送の平均視聴率が、大阪27・9％、東京26・6％という高視聴率番組であったということもあって、上方放送史には必ず紹介されるテレビ番組という光栄に浴しているが、なぜその番組が終了したのかということについて言及しているものは数少ない。

『てなもんや三度笠』を放送した朝日放送の社史『朝日放送の50年』（平成十二年刊）の本史では、朝日放送の前身である大阪テレビの最初のヒット番組『びっくり捕物帳』によって「振りまかれた笑いのエッセンスは、後に傑作時代劇コメディ『てなもんや三度笠』に結実する」と書き、『てなもんや三度笠』の番組誕生にはふれているが終了については記述がない。「番組おもしろ史」では十頁をさいて『てなもんや三度笠』のつくり方などを紹介しヒットの秘密に迫っているが、終了については「高い視聴率を誇り、藤田を有名タレントにのしあげた『てなもんや三度笠』だったが、63年3月31日に〝三度笠〟は終わる」としか書いていない。そしてこのあと新シリーズ『てなもんや一本槍』『てなもんや二刀流』について短く記述し、最後は藤田まことさんへのインタビューで締めくくっている。

藤田は『てなもんや』の場でもまれ、自分自身の芸域をひろげたことを率直に明かしている。

「喜劇のベテランの中で仕事をしたことは、いまもなお私の体の中に財産として残っています。私にとって『てなもんや』はまさに青春そのものです。私の芸の原点といえるのです」

きっぱりとして、さわやかな口調であった。（『朝日放送の50年　Ⅲ　番組おもしろ史』）

昭和三十七年・『てなもんや三度笠』

「私が『てなもんや三度笠』（朝日放送）というフシギな番組に気づいたのは、昭和三十七年の初夏ごろであった」と『日本の喜劇人』（晶文社刊）に書いた小林信彦さんは、当時〝中原弓彦〟というペンネームで喜劇映画の評論を書いていて、それまで評価されることのなかったテレビコメディにも領域をひろげていた。私にとっての小林信彦さんは『スチャラカ社員』『てなもんや三度笠』を評価して書いてくれた最初の人であり、以来、私は、書かれたものはほとんど読んでいるという小林信彦フリークの一人である。

単行本から文庫になり、喜劇を志す人のバイブルのように読まれ、増刷を続けてついには日本の喜劇人をテーマにした全著作を箱入りの二冊にまとめた『定本 日本の喜劇人』（新潮社刊）の中にもそのまま再録されている『日本の喜劇人』の「大阪の影『てなもんや三度笠』を中心に」の章に、小林信彦さんは昭和四十三年の番組の終了について書いている。

香川＝澤田コンビが心理的に決裂したのは、昭和四十二年秋であり、半年後に番組は終った。この決裂の原因については、私は、私なりの考え（それはかなり客観性があると信じている）をもっているが、いっさい、書くまいと思う。香川登枝緒は大阪の芸能に関して私に多くを教えてくれた人であり、澤田隆治は、いわば友人である。したがって、私は、口をつぐむほかない。

『てなもんや三度笠』をリアルタイムでみていない年代の記者が、この部分をしっかり読んで、八十歳をすぎてもまだテレビの笑いの世界を徘徊している私のところへ取材にくることがある。小林信彦さんが、私と最初に会った時の印象を「オーソン・ウェルズがふてくさったような大男」と書いているため、いまはすっかりスリムになっている私をみて、違う人をみるような顔になるので『日本の喜劇人』を読んでいることが私にわかる。そして取材が終ると「ところで……」と必ず『てなもんや三度笠』が終った理由をたずねるのだ。勿論、答えるわけはない。

大坂から出発し、高視聴率に後押しされて全国を廻って大坂へ戻る道中を、突然中断して番組を終るのだから、当時、大阪の夕刊紙にはいろいろ書かれたが、全て憶測記事でしかなかった。

当然のことだが、理由はある。いろんなことが複合的にあって終了がきまったのだから、簡単に書けることではない。その一つを、なぜか花登筐さんが知っていて、当時『週刊朝日』に連載中の『私の裏切り裏切られ史』に書いた。

「第十章　喜びつづけ、嘆きつづける作者馬鹿」。

〈わがよきライバル、沢田隆治〉というサブタイトルつきである。このサブタイトルをみた時、それまでの流れからどんなことを書いてあるのかドキドキしながら読んだことを思い出す。いろんな理由からか『私の裏切り裏切られ史』は再版されていないので、古本市でもあまり出ない本である。『てなもんや三度笠』終了に関するところだけ引用することにする。

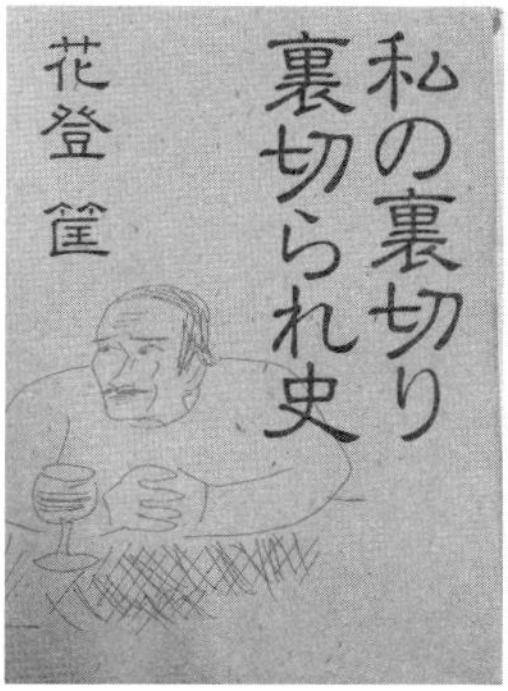

花登筐『私の裏切り裏切られ史』

芸能界で何とか「喜劇」を作ろうとか、「喜劇人」を育

公開録画で必ず前説をするディレクター澤田隆治

てようとか、考え実行している者に「お人好し」が多いことに気がついた。

その例として藤山寛美さんのことを書いて「そんな彼が「役者馬鹿」と評されているが、「お人好し」であることは、間違いない」と断定したあとに私が登場するから、私は花登筐さんに「お人好し」と思われていたのだ。

私は先日、東阪企画の社長・沢田隆治氏に久し振りに会った。彼も朝日放送の喜劇専門の元ディレクターで（現在も同社に籍はあるらしいが）、数多くの喜劇人を育てた人である。私の「番頭はんと丁稚どん」同様、「スチャラカ社員」とか中継形式の「てなもんや三度笠」で、「てなもんや」の沢田か、沢田の「てなもんや」かと言われ爆発的な人気を得て、私の番組の視聴率が食われたこともあった。

その「てなもんや三度笠」の視聴率が落ちてきた時、正直言って私はやれやれと思った。

これは花登筐さんの記憶違いである。視聴率が落ちてきたのは「てなもんや三度笠」ではなく「てなもんや一本槍」である。ここは「てなもんやシリーズ」と書くべきところなのだが、花登筐さんは新番組のタイトルなど御存知なかったのだろう。

だが何故、あの人気番組が急激に落ちたのか？　それには理由があった。彼がその「てなもんや三度笠」のディレクターをおりたからだ、いやおろされたと表現する方が正しかろう。

私は、当時しょっちゅう同局へ出入りしていたから、その事情はすでに耳に入っていた。道中ものの「てなもんや三度笠」の最後の到着地がハワイである企画になっていて、心なき人たちから「彼はハワイへ行きたがっている」と中傷されたためであった。

私はそれを聞いた時、首をかしげた。今でこそ海外旅行は自由だし、テレビロケも日常茶飯事だが、その頃はロケなんて至難の業であった。実現する可能性も一〇〇パーセントゼロに等しく、彼も当然中継していたホールの舞台で、ワイキキの浜辺のセットでも作ってやるつもりであることぐらいは、制作関係の玄人なら誰しもが分かるはずであった。

当然、局の上司も承知していたのだが、その噂が関係外の局内の人達に拡がったために、彼をおろさざるを得ぬ破目になったのであろう。

だが、やや落ち目の、私の「やりくりアパート」につぐ目玉番組の「てなもんや三度笠」から、何故ディレクターの彼をおろしたのであろうか？

制作の上司は、ディレクターが変わっても、作者と役者さえいれば、出来ると思ったのであろうか？

私は、そうは思いたくはない——。何故なら喜劇、アチャラカ番組を作れるディレクターは、朝日放送には彼しかいなかったし、私もその稽古風景を一度見たが、演出態度には凄まじさが見え、「花登だけがアチャラカ演出の専売ではない」という彼の闘志が、私の身にひしひしと伝わってきたからである。

つまり、彼は私のライバルであった。しかもコメディアンを何とか育てあげようとする意図も一緒であった。

私が「なんで花登さんが知ってるんだ」と思わず叫んだのは「彼はハワイに行きたがっている」という〝心なき人たち〟の中傷があったと書かれた部分を読んだからであった。

「ハワイ」というのは私と制作局長・局次長との会議で話しあった「てなもんや道中」のコースプランで出たもので、それをなぜ局外者の花登筐さんが知っているんだという怒りでもあった。どうしても知りたくて、「花王名人劇場」のドラマの脚色をお願いする目的もあったが京都の南座で舞台稽古中の花登筐さんを訪ねて訊いた。

「そんなもん、僕はあのころテレビ局のえらい人とはいつでも会えたから、君のこともよく知ってたよ」とこともなげだった。そういえば四年続いた「やりくりシリーズ」が終ったあとも、花登筐さんは途切れることなく朝日放送に番組枠をもっていた。『てなもんや三度笠』が終ったころは『負けたらあかんで』という公開コメディをやりつつ、連続ドラマ『友禅川』の企画を進行させていたから、私の知らないつきあいが局長や局次長との間にはあったということだろう。

この「ハワイに行きたがっている」というのは根も葉もない話ではない。大坂から出発して東海道を珍道中、江戸へ到着して計算外の中山道を通って無事大坂へ戻ったあんかけの時次郎が再び旅に出て山陽道、九州から琉球へ、船で高知へ上陸して四国を通って大坂へ帰りついたその時から、次に大坂へ戻るのが最後の道中になるに違いないと心にきめ、あんかけの時次郎と珍念にどんな旅をさせて最終回を迎えさせたらいいかを私はずっと考えていた。

そのプランの中にハワイ珍道中があったのだ。

『てなもんや…』をどう終らせるか

道中物は必ず終る。最後は故郷・大坂へ戻るというのはきまりごとだが、最後の道中はなんとか趣向をこらしたいと五年目に入ったころから考えていた。

東海道を上って、伊勢からまだ通っていない紀伊半島をぐるっと廻って大坂へというコースをたどるのがフツウだろうが、それでは私の夢がかなえられない。あんかけの時次郎が最終回では、文明開化の象徴であるザンギリ頭に洋服という姿で大坂へ到着すると私が早くからきめていたのは、中学生のころ、富山県の高岡の映画館でみた『エノケンのちゃっきり金太《きんた》』の影響である。

空襲をうけなかったこともあって、高岡には松竹・大映・東宝に洋画が二館と全系統の映画館があった。外地から引揚げてきた中学生には友達がいない。一人で学校の帰りには映画をみるのが唯一のたのしみだったから、高岡で上映された映画は全てみることになる。とはいっても終戦直後は日本映画の製作が少なかったから、戦前に封切られた映画の再上映でプログラムを組んでいた。そんな中で、東宝系の映画館ではＰＣＬのマークの入ったエノケン映画が次々と上映された。

私は、昭和五十年六月から演劇雑誌『新劇』に連載した「私説・コメディアン史」の第一章に、暖房もない雪国の映画館でエノケンの映画をみながら「エノケンは面白いなァ」としびれたのが、喜劇の楽しさを知った初めなのだから、私と喜劇を結びつけてくれたのは、まさにエノケンであったのである。

と書いたが、この時にみたいろんなエノケン映画の中で『エノケンのちゃっきり金太』のラストシーンに感動した私は、テレビの番組づくりをするようになった時から、いつの日にか私の演出するコメディのラストシーンに使ってみたいと思っていた。そしてその時を『てなもんや三度笠』の最終回にするのを私は密かなたのしみにしながら、最後の道中を演出していたのだ。

『エノケンのちゃっきり金太』は江戸の巾着切りの金太（榎本健一）と、折りあらば捕えようとつけ狙う八丁堀の岡っ引き倉吉（中村是好）の追いつ追われつのコメディなのだが、そのラストシーンは、上野のお山に立て籠もる彰義隊を討伐するために江戸へ入城する官軍の隊列、なんとその中に官軍の制服を着て鉄砲を担いで行進するエノケンがいて、迎える江戸の町民の中に新政府の警邏姿の中村是好がいるではないか。再び追っかけが始まってエンドマークとなる。このアイデアに中学生だった私はいたく感心したのだ。中学一年生の映画鑑賞力なんぞいい加減なものだから、かなり入りくんだストーリーを完全に理解していたとは思えないが、江戸っ子のちゃっきり金太が活躍するのは幕末の江戸であり、勤皇方である薩摩邸の侍たちが仇役として描かれていたから、ラストシーンで江戸っ子が官軍になっているという意外性に私がハマって強い印象が残ったのだと思う。『エノケンのちゃっきり金太』は、エノケン映画の八作目で、昭和十二年七月に前篇を、八月に後篇を上映した。いまビデオでみられるのは総集篇というやつで、前篇に後篇のラストシーンをくっつけた短縮版である。いま私の手許に『エノケンのちゃっきり金太』の後篇のフィルムがあって、前後篇を通してみることが出来るが、後篇にラストシーン以外に私が覚えているシーンが全くないところをみると、私が高岡でみたのも短縮版だったに違いない。ラストシーンのインパクトは短縮版の方が強いから私にとってはこれでよかったということだろう。

さて『てなもんや三度笠』の終り方だが、私の脳裏から離れない『エノケンのちゃっきり金太』のラストシーンを活かすために、あんかけの時次郎と珍念は一度日本を離れる必要がある。大坂へ帰ろうと太地《たいじ》の港を船出した一行は嵐にあい遭難する。漂流すること数日、飢餓状態におかれた時次郎と珍念でチャップリンの『黄金狂時代』のギャグを再現してみよう。アメリカの捕鯨船に救出されるなど、ジョン万次郎と同じ運命をたどってハワイへ上陸、さてそのあとはどうしようと、番組づくりのいそがしいスケジュールの中で、いつやるかきまっていないプランを考えるのがたのしくて仕方がない。まして五年以上も日本の国を旅しているあんかけの時次郎と珍念を、外国といういままでにない設定の中で動かすのだからアイデアはどんどんふくらんで、ハワイからルソン島廻りで日本へ帰国するという大旅行のコースが頭の中で出来上ってしまっていたのだ。

だが『てなもんや三度笠』の最終回がいつになるかということが決定していたわけではない。昭和四十二年、六年続いた『スチャラカ社員』を香川登志緒さんがどうしても書けないということで終了することになってからは、『てなもんや三度笠』も香川登志緒さんに〝もう書けない〟といわれたらやめるしかないと覚悟しながらの毎日だったのだ。

昭和四十二年三月二十六日放送の「これより甲州路」から、藤田まこと・白木みのる・南利明・

京唄子・鳳啓助のレギュラー陣に、水前寺清子・てんぷくトリオを新しく加え、大坂へ帰る最後の道中をスタートさせた。家庭用のビデオテープレコーダーが間に合ったおかげで、このシリーズはいま『てなもんや三度笠・決定版』としてＤＶＤでみることが出来る。

甲州街道から東海道へ出たあんかけの時次郎に珍念は、謎の写真師に扮した財津一郎を加えて、五年前には江戸まで番組が続くだろうかと不安を抱きながら下った東海道を、人気絶頂で上る道中を続けていたが、私は十二月からいよいよスタートするカラー化の準備をしながら、放送回数と宿場の数をあてはめる作業をはじめていた。宿場をきめるのとゲストタレントをきめるのは私の仕事で、香川さんにそのリストを渡し、どんな話にするかを相談し台本を書いてもらう。新しい年を二見ヶ浦で迎えて初日の出を拝み、日和山、朝熊、長島、鬼ヶ城、新宮、那智、勝浦、そして太地の港へ、これで日本中のほとんどの宿場を廻ったことになる。あとは紀州路を大坂へ戻るか、船で大坂へ向かうのか、六年続いた番組をどう終らせようかと考えるのは結構苦しい作業であった。

八月から取り組んでいた、カラー化のために編成されたスタッフによるテスト番組の制作も終り、いよいよ十一月には正月番組のカラースペシャル『ウェルカム万国博』と花菱アチャコを筆頭に東西コメディアン総出演の『戦国紳士録』の二本を演出、『てなもんや三度笠』も十二月十七日放送の「熱田の絵師」の回からカラー放送になるために十一月からカラー収録をはじめていた。

十二月になって日立キドカラーを発売した日立がスポンサーになる土曜の夜八時からの一時間枠をカラードラマ企画で翌年四月から朝日放送が担当することになり、カラーを経験ずみの私がプロデューサーとして指名された。私が提案した高田浩吉さんの人気シリーズ映画『伝七捕物帳』のテレビドラマ化がきまり、その交渉をしながら『てなもんや三度笠』の新シリーズのレギュラーにトニー谷と「困っちゃうナ」の山本リンダ、この年漫才大賞新人賞を受賞した横山やすし・西川きよしをキャスティング、十二月、一月収録のゲストには絶大な人気を誇っていたグループサウンズのザ・タイガースとザ・スパイダースが決まった。

そんな時、制作局長に呼ばれ「香川登志緒さんが、もう『てなもんや』を書けないと言ってきたが、どうする」ときかれた。どうするもこうするも、ここはなんとしても香川登志緒さんに書き続けてもらわねばと、藤田まことさんと私の意見は一致した。

このあたりまでは記憶で書けるが、この際ちゃんと確認しておこうと資料探しをしたら、昭和四十三年のスケジュール手帳がみつかった。一応全ての手帳は保存していて、幾つかにまとめてあるのだがどこにあるのかよくわからない。たまたまポロッと出てきた手帳が昭和四十三年のものだったおかげで、四十二年の暮の二十五日からの私の行動がたどれることになった。

年末から正月は、レギュラー番組だけでなく正月特番が多い時期なので、ディレクターは一年中で一番忙しい思いをするものだが、それにしても昭和四十三年の手帳に記入されている年末・年始の私のスケジュールは、自分のやったことなのにとても信じられないハードさである。

三月九日から放送スタートする『伝七捕物帳』の収録を一月二十二日に控えて、初体験のドラマプロデューサーとしての私は、台本づくりやキャスティングのために連日人と会う毎日を送っている。それは確実に毎週やってくる『てなもんや三度笠』の台本づくりやキャスティングとは全く異質で神経のすりへる仕事であった。『てなもんや三度笠』のキャスティングは番組の知名度と信用のおかげでほとんど電話ですんでいたし、十二年もの間コンビを組んできた香川登志緒さんとの台本づくりは、キャスティングをきめて登場人物の設定とセットプランを伝えればよかったのだから。

12・28　「てなもんや三度笠」他（リハーサル）

　　ザ・タイガース音録り
12・29　「てなもんや三度笠」長島の難船ＶＴＲ
この簡単な書きこみをみて思い出したことがある。

二十八日の夕方からＡＢＣホールの前に若い女性たちが集まりはじめたので守衛室から電話がかかってきた。日本人が行列をつくるようになったのは一九七〇年の大阪万博以来だという説があるそうだが、これまで『てなもんや三度笠』にどんなゲストを迎えてもこんなことはなかったのだ。グループサウンズの人気の凄さは聞いてはいたが、ゲストの公表などしてもいないのにどこから情報を得て集まってくるのか不思議に思ったものだ。

　翌二十九日、若い女性だけで満員の異様な雰囲気の中で本番がスタートし、ザ・タイガースが登場すると、「キャーキャー」の嬌声で何も聞こえない。これではどうしようもないので私は録画をストップしてステージに出ていった。

「これでは放送できないから、中止するしかありません」

「イヤやァ」

「ザ・タイガースのファンなら番組づくりに協力しなさい。いいですね」

「ハーイ」

「お芝居なんだから静かにしてよくきくように」

とまるで学校の先生のような口調になって番組の見方を教えたものだ。

この三〇一話「長島の難船」とザ・スパイダースがゲスト出演している三〇四話「新宮の妙案」の映像は、権利のクリアができないためDVD化できず、私だけのたのしみになっている。

『てなもんや三度笠』伊勢・志摩シリーズのゲスト出演、ザ・タイガース

43・1・5　デスク会「てなもんや」9月一杯まで延長、スポンサー無関係、海外取材OK、1月28日300回で発表、社長表彰

この書きこみをみて『てなもんや三度笠』が終った後はもうどうでもよくなって忘れてしまっていたことを思い出した。

実は『てなもんや三度笠』を三月一杯で終了して新企画で行こうという動きが十一月頃からあることを私はなんとなく知っていたのだ。その話が正式にこのデスク会で突然持ち出されて、「四月の企画変更というのは新番組の担当ディレクターにとってはきついのではないですか」と言ったら「いま四〇％もあるんだから、半分になったって二〇％もあるやないか」と反論されたので、いささか感情的になった私はゴールデンウィークと夏場の夕方六時という時間帯は在室率が低く、絶好調時の『てなもんや三度笠』でもこの時期は視聴率が下る、新番組は十月にスタートした方が絶対有利だと具体例をあげて力説し、その勢いで、太地を船出した一行が嵐で遭難するという考えていたストーリーをはじめて披露したのだ。メモに〝スポンサー無関係〟とあるのは、前田製菓が四月からの〝カラー料金〟という新しい電波料に難色を示していることを知っていた上でのことという意味だと思う。

次の〝海外取材OK〟というのは、セットハンティングのため全てのコースで実施してきた美術班の海外での調査についても説明し、OKも出ていたということだが、私は忘れていた。企画が了承されれば当然のことだと思っていたからだろう。だが、海外旅行についての憧れはいまとは大きく違う。テレビ界でも大阪万国博までは海外出張は特別のことだった。花登筐さんが『私の裏切り裏切られ史』に、私が『てなもんや三度笠』からおろされたのは、

「心なき人たちから「彼はハワイへ行きたがっている」と中傷されたためであった」

と書いたのは、この一月五日のデスク会での私の発言がそこに出席していた誰かを刺戟したことを示している。花登筐さんは、

当然、局の上司も承知していたのだが、その噂が関係外の局内の人達に拡がったために、彼をおろさざるを得ぬ破目になったのであろう。

と書いているが、私の昭和四十三年のスケジュール手帳はいろんなことを教えてくれる。

当然、私の立場からの見方なのだが――。

昭和四十三年一月、多忙をきわめる

昭和四十三年一月五日のデスク会のあと、一月十日に東京支社の営業局長と担当営業が、三月九日開始の『伝七捕物帳』の提供スポンサーの意向を伝えることと、四月からの土曜夜八時枠の後企画についての会議のために来阪した。

まず高田浩吉主演の『伝七捕物帳』についての意見としては、台本・ゲストに問題なし。また、別件である四月からの後企画には時代劇は好ましくない。今まで提出してある企画を全て変えてほしい、一話完結でなく連続ドラマでありたい。その理由は、この枠のスポンサーがライオンと日立という家庭生活に直結している企業であること、新しい枠で提供スポンサーになった企業としては、最初の企画は制作局である朝日放送の顔を立てて提案されたまま呑んだが、次回からは問答無用という感じであった。新企画の提案に当っては、俳優あてこみの企画二本と企画先行のもの二本を用意することという要求があった。

更に営業局長らは、私が担当することになった三越提供の火曜夜十時枠の企画説明を求め、私は『図々しい奴』の脚本で大ヒットをとばした柳澤類寿企画の『七転び八転び』、中野實原作の『明日の幸福』を京都伸夫脚色で、また、長谷川幸延作の三遊亭円朝伝『寄席行燈』、北條秀司脚本の近衛文麿伝『白鳥の死』などについて、イメージキャストつきで説明した。

二月二日、TBSとの制作局長会議があり、TBSの石川甫《はじめ》制作局長の話されたメモがある。

当時、朝日放送はTBSとネットを組んでいたので『てなもんや三度笠』はTBSで放送されていた。

ＴＢＳの制作局では、制作予算が制作時間の延長による人件費の増加で二〇億オーバーしている。営業、代理店、スポンサーからの要求でスタープレイヤーを並べすぎるのも原因の一つになっているので、スポンサーへの働きかけをしたい。

制作時間の延長には、各ディレクターの才能の不足によるところが大きく不満に思っている。

カラー化の問題では、ＴＢＳは技術がイニシアティブを握っているので、カラー化が一番遅れている。

夜の七時から九時までの時間帯は大衆路線でありたい。十一時台の番組は大衆路線にして深夜族に迎合したい。


いまＴＢＳとの局長会議のメモを書き写しながら、テレビ界が大きく変った一九七〇年大阪万博直前の昭和四十三年、テレビ界が抱えている問題に対応しようとしているＴＢＳ制作局長の姿が浮かんでくる。その石川甫さんは一九七〇年、予算のかかるドラマを制作するためにＴＢＳによってつくられた制作プロダクション「テレパック」の社長となり、同年にＴＢＳの制作現場の同志的結合によってスタートした「テレビマンユニオン」と共に、制作プロダクション時代の先駆者として活躍、昭和五十七年、制作プロダクションの任意団体として結成した全日本テレビ番組製作社連盟の初代理事長に就任する。その四年後の昭和六十一年、石川甫さんが病いに倒れられたあと二代目の理事長に私が就任するのだから人生はなんでもありという気がする。

このTBSとの局長会議で、TBSの看板番組であり、TBS系列のカラー化の先頭を走っていた『てなもんや三度笠』の終了は話題になっていない。

こうしたかなりハードな課長のデスク業務とドラマ枠のプロデューサーの制作業務をこなしながら、私は『てなもんや三度笠』の収録を毎週行い、生CM制作も放送も自分でやっているし、すでに制作に入っていた『伝七捕物帳』は、一月二十三日の第一回収録にあわせて台本づくり、キャスティング、美術打合せ、主演の高田浩吉・美和親子との打合せ、レギュラーに決定した清川虹子、大村崑、財津一郎との顔合せ、広報の写真撮影、主題歌づくりとレコーディングなどなど、毎週月・火・水・木の四日間のスタジオでの一話収録のための準備に並行して、第二回目・三回目の台本づくりも加わってくる。この『伝七捕物帳』のスケジュールのために、それまで毎週金曜に収録していた『てなもんや三度笠』がこの年から土曜の収録になっている。カラー機材の使い廻しのためで、『てなもんや三度笠』はカラー化になった時から本番の前日の朝からスタッフのカラーテストのため

テレビ版『伝七捕物帳』の高田浩吉、大村崑

に新人による「てなもんや二軍」をつくり本番通りに演出して収録、プレビューをしてセットや衣裳などの色調の手直しをする。私は毎週同じ台本を違うキャストで二本収録していたのだ。これだけ手間をかけたのにいま見ることの出来る『てなもんや三度笠』は白黒で、画面の隅に「カラー」の表示があるのがもどかしい。

いまでもそうだが、私のスケジュール手帳は、なにをする予定ということだけを書き入れるので、それが予定通りに行われたか、なにかトラブルがあって変更があったかは、この手帳からはなにもわからない。このころのことを、かつて私は平成元年から『別冊文藝春秋』に連載した『上方芸能列伝』で「高田浩吉さんのテレビにまつわる忘れ難い思い出」として書いている。

昭和四十三年、テレビはカラー化にふみこんでいたが、まだ本格的なカラードラマを毎週放送するところまでいっていなかった。この年、日立が新しいカラーテレビを発表して、そのためのカラー番組をという希望があり、『てなもんや三度笠』が終ってドラマ枠の担当になったばかりの私が提出した『高田浩吉主演の伝七捕物帳』という企画が実現することになったのだ。

平成十九年にこの原稿を書くときに昭和四十三年の手帳が発見されるまで、私はずっと『てなもんや三度笠』が終ってから『伝七捕物帳』がスタートしたと思っていたのだ。調べればすぐ判ることなのに、二十年たって『上方芸能列伝』を書いた時の感覚では、『てなもんや三度笠』が終る時のいろんな出来事や私の思いが強烈すぎて、同時にドラマのプロデュースをすることなどありえないと思ったに違いない。それだけに手帳に書きこまれたスケジュールをみた時はしばしボーゼンとしてしまったのだ。

『伝七捕物帳』の第一回の収録がはじまったのが一月二十二日、セットリハーサルをしながらどんどん収録していくスケジュールを組んでいるのだが、カラー調整に時間がかかりスケジュールが押しに押しはじめた。捕物帳とあって、カラーテレビで一番むつかしいといわれていた夜のシーンが多かったことが最大の原因だった。いつでも本番に入れるようにかつらはシーンが終ってもはずさないこととという注文を守って下さった高田浩吉さんには、夜八時以降は絶対撮影しないという誰でも知っている美貌タイム伝説があり、守りますと約束して入ったのに、マル二日徹夜になった。

もう何日も寝ていなかった私だが、モウロウとしながらデスクで伝票の整理をしていたら京都から電話である。「先生はあまりの頭痛で、途中病院へ寄って注射してもらっていま寝さしています」とマネージャー、「大丈夫ですか」「マル二日かつらをはずさなかったので頭がしまりすぎたんです。一晩寝たら治るでしょう」。それをきいた時、私は高田浩吉さんのためならどんなことでもするぞと誓ったのだ。(『上方芸能列伝』)

あれから三十年たって八十六歳で亡くなられるまで、私がつくるテレビ番組を気にかけて下さった高田浩吉さんにはいまでも感謝している私なのだ。

一月二十九日の週は『伝七捕物帳』の第二話の収録がスタート、二月一日のところに「朝の七時まで」と書き入れてある。誓いも空しくやはり徹夜になったのだ。二日のところに書きこまれたス

ケジュールは、
・「てなもんや」のリハーサル、辻久一氏来社　局長会議
とある。大映京都の企画室長で、あのころは安定したテレビドラマの脚本家として高名だった辻久一さんとは『伝七捕物帳』の台本の打合せ、最後に書かれているが〝局長会議〟は午前中で、私は予定がきまった順にスケジュールを書きこんでいたのだ。それにしても徹夜明けの会議なのにちゃんとメモをとっているのは健気なものだ。

二月三日『てなもんや』第三〇五話「那智の代参」の収録、深夜に『てなもんや』のCMを収録している。四日の日曜に『伝七捕物帳』のレギュラーが揃って成田山で節分の豆まき行事に参加するため、その日のうちに終えておかねばならなかったのである。社殿の前で撮った記念写真が残っている。

二月五日の週も『伝七捕物帳』第三話の収録、石堂淑朗さんと台本の打合せ、第一話の編集上りを作曲の土田啓四郎さんとプレビュー、収録はやはり完全徹夜になり朝八時終了と書き込まれている。

突然の打ち切り

二月十日・土曜『てなもんや三度笠』第三〇六話「勝浦の恩讐」の収録のあとデスク会があって、メモは四頁も続く。連絡事項がいろいろあって、二頁目に「てなもんや三度笠」の項があり、
・前田製菓　三月一杯打切り
・営業部より継続依頼があったけど、イメージ強く打ち切り決定。

・平井課による新企画
・会社としてスタッフ表彰の案を練っている。
・社外発表　来週末。
実に素っ気ないが、局長の発表をきちんとメモしているのが我ながらスゴイと思う。

突然の番組終了の発表は局長会の出席者に衝撃を与えたが、私は冷静だった。というのも一年前から『てなもんや三度笠』を終えたい香川登志緒さんの気持を知りながら、知らぬ顔で毎週台本のダメを出し、次の宿場のセットと出演者のリストを確認しながらストーリィを練り台本づくりをしていたが、その香川登志緒さんの気持と、そのころ藤田まことさんを苦しめていた巨額な借金問題打開への思いが合体したのを、私は一月の段階で知ってしまったからである。

なにも知らない前田製菓の担当営業が私のところに「どうしてやめるんや」と血相を変えて事情をききにきた。「前田製菓が降りてもスポンサーはいくらでもあるやないか」と熱をこめて私に迫る。「もうええやんか」となだめるぐらい私の気持は醒めていた。


昭和四十三年二月十日のデスク会で『てなもんや三度笠』は三月一杯で打切りの発表があるまで、番組のディレクターである私には事前の相談もなければ耳うち程度の知らせもなかった。前日は正午から深夜までリハーサル、当日は早朝から収録スケジュールとあっては伝える機会もなかったのだろう、デスク会もプレビューが終了した二時から私を待って行われたのだからと、その時はひどい仕打ちともなんとも思わなかったが、あれから四十年以上たったいま、この時のことを思い出すと猛然と腹が立ってくる。いまごろ気がついて怒ってもどうなるものではないが……。

『てなもんや…』を終らせる

二月十日に収録した『てなもんや三度笠』第三〇六話「勝浦の恩讐」は三月十日の放送だから、三月一杯で打切りということはあと三回で六年続いた番組を終らせなければならない。一月五日のデスク会で『てなもんや三度笠』は九月一杯まで延長すると決めたことをうけて、私はそのためのストーリィを考えていたからいささか予想外の決定だったが、三回で終るというならば、このシリーズの結末で唐突に番組を終了するしかない、と決断は早かった。

『てなもんや三度笠』の後企画は、藤田まこと・香川登志緒で新企画を検討中と平井次長から報告があった。ゴールデントリオといわれた「てなもんやトリオ」から演出の私だけがはずされたのだ。

花登筺さんは私が「おろされた」と表現しているが、予兆があったから私のショックはさほどではなかった。だが、それを決定して伝える側には「すまないけど」というニュアンスは全くなかった。

花登筺さんは、『てなもんや三度笠』の後企画の視聴率が急激に落ちた理由は私がおろされたからだと断定されているが、あのころのテレビ局の上層部には、テレビの番組は脚本や配役によって番組の優劣が左右されるが、演出は誰がやってもそう変らないと思っていたフシがある。これは私のいたテレビ局だけだったのか他局でも同じようなことがあったのかは知らないが、平気で、全く演出経験も気持もない社員を演出部へ配属するという人事が行われていた。テレビ番組は誰がやってもつくれるという思いがなければ、とても制作局長はつとまらなかったに違いない。テレビ番組は総合芸術であるという意味を都合よく解釈していたとしか思えないのだ。私はディレクターとして特別扱いをされた思いはないが、『スチャラカ社員』『てなもんや三度笠』『ごろんぼ波止場』と週三本のレギュラー番組を担当して、「一〇〇%ディレクター」などと週刊誌に書かれていた昭和四十年のある日の部会で、制作局長が「私は〝一将功成って万骨枯る〟というやり方はしない」と語るのをきいて、私の存在によって制作部員の全員がダメだと思われるという意味だとしたらおかしなことだと思いはしたが、黙ってきいていた。私は制作部員の中で特別扱いをしてもらったことはないと思っていたが、いまにして思えば上司は私のやること、特に番組づくりについて社外の評価が異常に高くなったために何も言えないことにイライラしていたのかもしれない。「万骨枯る」というのもおかしな話で、テレビ番組の場合、高視聴率番組の裏番組を担当して苦しむのは他局のディレクターであって、同じテレビ局のディレクターが直接的な被害をうけることは絶対にないからだ。

テレビ番組がヒットするかどうかはディレクターの能力によるところが大きく、テレビというビジネスは、ヒット番組を多く制作する局が圧倒的な収益をあげることができるということを経営者が理解したのは、テレビが開局して二十五年ぐらいたってからだったように思う。私は東京・大阪の全てのテレビ局で番組をつくる機会に恵まれたために、そのことを証明するエピソードがどのテレビ局にも存在したことを知っている。

最終回までの撮影

『てなもんや三度笠』の制作があと三回ということになって困ったことがあった。

このシリーズは、生きた鯨を江戸へ運んで、見世物にしようと考えた二組の見世物師が鯨捕りの港・太地を目ざす道中にてなもんやトリオがからむという筋書きだから、最後はＡＢＣホール全体をプールにして鯨捕りのシーンをみせようと、一月にはプールをつくる防水帆布を発注し、網舟、勢子舟、そして子鯨を一頭制作していた。この子鯨、実によく出来ていて汐は吹くし、目が動くだけでなく涙も流すようになっていた。これだけ盛り沢山な設定を三回で処理するために、用意されたプールでの鯨捕りのシーンをやめてしまうしかない状況になってしまうことを私は恐れた。しかも鯨方の宰領の役にフランキー堺さんをキャスティングしていた。

鯨捕りのプールを作ってしまうと筋を運ぶ芝居は出来ないし、一回分のＡＢＣホールのスケジュールがつぶれる。あと二回の収録で三回分をつくるためには三本分の台本を持って収録に入らないと不可能だ。

私は細かいプランをつくって香川登志緒さんに説明し三本分の台本を書いてくれるように頼んだ。このあたりまではなんとか覚えているが、二月十日のデスク会以後、どんな日を過してこのハードスケジュールをこなしたかはなにも覚えていない。残っていたスケジュール帳によれば、二月十一日から三月九日の『てなもんや三度笠』最終回「いざや帰らん」の収録まで連日番組づくりである。『伝七捕物帳』の収録、編集、台本づくりに加えて、放送へ向けての記者会見が東京と大阪であったりしてほとんど寝ていないから無理もない。

『てなもんや三度笠』の第三〇七話「太地の鯨方」の台本の表紙に「二週分のＶＴＲどりを含むのでスケジュール変更あり、御確認下さい」と書いてある通り、「紀州太地の鯨方宰領の家」のセットで第三〇八話の部分を観客なしで午前九時三十分から収録するスケジュールになっている。そのあと十時から第三〇七話のカメラリハーサル、そして毎週の予定通り正午から観客を入れて収録を終了している。この時の出演者は三十六名。藤田まこと、白木みのる、財津一郎、原哲男のレギュラー、このシリーズのレギュラー、山本リンダ、横山やすし、西川きよし、トニー谷、石田暎二、鯨方の宰領フランキー堺、太地の人々に笑福亭松之助、平参平、桑原和男、谷しげる、岡八郎はじめ吉本コメディアンが十一名、この中に後にコメディNO・1になる前田五郎・坂田利夫、抜天《ばつてん》太郎、室谷信雄などもいる。そして大竹修造はじめ「てなもんや二軍」といわれてカラーテストを毎週やってくれた十名が漁夫役で出演し、宝塚歌劇の演出家、渡辺武雄先生の振付で「太地踊り」を舞台一杯で踊ってこの回が終る。

ずっとスタッフのためだけに演じてくれた『てなもんや三度笠』のカラーテストのてなもんやトリオの配役を、遅まきながら感謝をこめて書いておこう。

あんかけの時次郎　大竹修造（星野事務所）
珍念　芦屋凡凡（喜劇座）
桜富士夫　渋谷辰夫（創芸）

第三〇八話「運命の一夜」の台本の表紙に「鯨の特撮あり、非公開になりますので、スケジュール変更あり、御確認下さい」とあり、二月二十三日、午後二時から六時まで、鯨の動き、水面の状態のカラーテスト。照明のうつりこみをどう処理するかという難問があったので時間をたっぷりとる必要があったのだ。

午後七時から灯明崎の尖端のセットでのドライ・カメラリハーサルそして録画を午後十一時まで、

巨大な鯨に珍念が座り、「てなもんや三度笠」スタッフ・キャスト全員の記念写真

十一時からは、

水面に漂う朝霧を衝いて一頭の子鯨に、二隻の網船、勢子舟が漕ぎ寄せていく

とト書きにある海上のシーンからドライ・カメラリハーサル、「終了は午前五時」と台本にあり、スケジュール帳には〝徹夜〟と書いてあり、私は徹夜明けで新幹線で東京へ向い、二時からの『伝七捕物帳』の記者会見に出席している。新幹線で爆睡していたに違いない。

この回の出演者、四十三名、舞台一杯に張られたプールの冷たい水の上で徹夜したのは十九名、子鯨の上にまたがって「てなもんや三度笠、万歳」を叫んだ白木みのるさんは、「寒いし、水は冷たいし、あんなことようやりましたな」と後々までこの時の思い出を

『てなもんや三度笠』最終回、太地の港から船が出るシーン

放送終了後、スタッフに贈った記念カード

語ってくれた。

この非公開の第三〇八回を編集して、三月九日、最終回の収録のあと、観客に残ってもらって公開プレビュー、笑い声や拍手を録音するという手間のかかることをしている。あくまでも公開コメディという形式にこだわっていたのだ。

最終回「いざや帰らん」の配役表の頁に、スタッフ・キャストへの私のメッセージが書いてあった。

〇　本番終了後、スタッフ慰労会がありますので、こぞって御参集下さい。

〇　永い間、御苦労様でした。よく頑張ってきたものです。

六年間の平均視聴率は、三七・五％でした。〝てなもんや三度笠〟万歳‼


『上方放送お笑い史』（読売新聞大阪本社文化部編）の「上方コメディーの終焉」の節には、『てなもんや三度笠』が終了したあと『てなもんや一本槍』（昭和四十三年四月〜四十五年二月）、『てなもんや二刀流』（四十五年三月〜四十六年二月）と二度のシリーズが放送されたが、「そのころ、すでにお笑い番組の主流はコメディーからバラエティーに移っていた」と総括し、

「視聴率男」の異名をとったディレクターの沢田は、「人気が落ちる心配をするより、どうしたらベストワンを維持できるかということだけを考えた」というアグレッシブな姿勢で番組を引っ張っていた。だが、「三度笠」が終わると、続くシリーズはディレクターも代わり、視聴率もじり貧になって打ち切られた。七年も続けばマンネリは否めなかった。

と、ここでも脚本も主演者も同じ、キャストも豪華にした『てなもんや一本槍』や『てなもんや二刀流』の視聴率の下がった原因がディレクターの演出力によるものと認めていない。

私の演出力によって視聴率のとれる番組が生まれるということが認められて、番組の演出の仕事がくるようになったのは、『てなもんや三度笠』が終って十年以上たって、テレビ番組制作プロダクションに身を置いて東京で番組を演出するようになってからのことである。

第四章

花登組の奮闘

昭和三十三年・花登筐の活躍

昭和三十三年から大阪テレビで放送された『やりくりアパート』の影響もあって、佐々十郎をリーダーに大村崑、芦屋小雁、そして南街ミュージックホールの閉館によって茶川一郎が加わった「北野ショウ」のコメディアン達は人気者になりつつあった。OSミュージックホールのコメディアン・芦屋雁之助にもラジオやテレビに出演するチャンスはあるが、おもしろさを発揮する役柄に恵まれなかったので、一人〝蚊帳の外〟状況にあった。

このころのことを芦屋雁之助は昭和四十二年に書いた「幕のうちそと」で、『やりくりアパート』にレギュラー出演している小雁との人気の差についてふれている。

たまに小雁と会って町など歩くと人は「ア、小雁チャンや！」と振り返りましたが、僕などはだれも振り返ってくれません。たまに振り返ってくれたなと思ったら借金取りくらいでした。梅田に吉本の花月劇場が出来、小雁は崑チャンなどとともにそちらへ移りました。そして「またいっしょにやろうや」と僕をひいてくれました。「やりくりアパート」につづいて毎日テレビのコメディー「番頭はんと丁稚どん」が世に出、視聴率平均50％という爆発的人気を呼びました。崑チャンがアホの丁稚で、小雁と茶川一郎さんが丁稚、佐々十郎さんが小番頭の役でした。彼らは一躍、ブラウン管の人気者になったのです。あとから芸界へはいり、先に人気者になってしまった小雁を見るとき、僕は何ともいえない複雑な気持ちでした。しかしレギュラーだった佐々十郎さんがある事情で役を降り、そのアト釜が僕に回って来たのです。

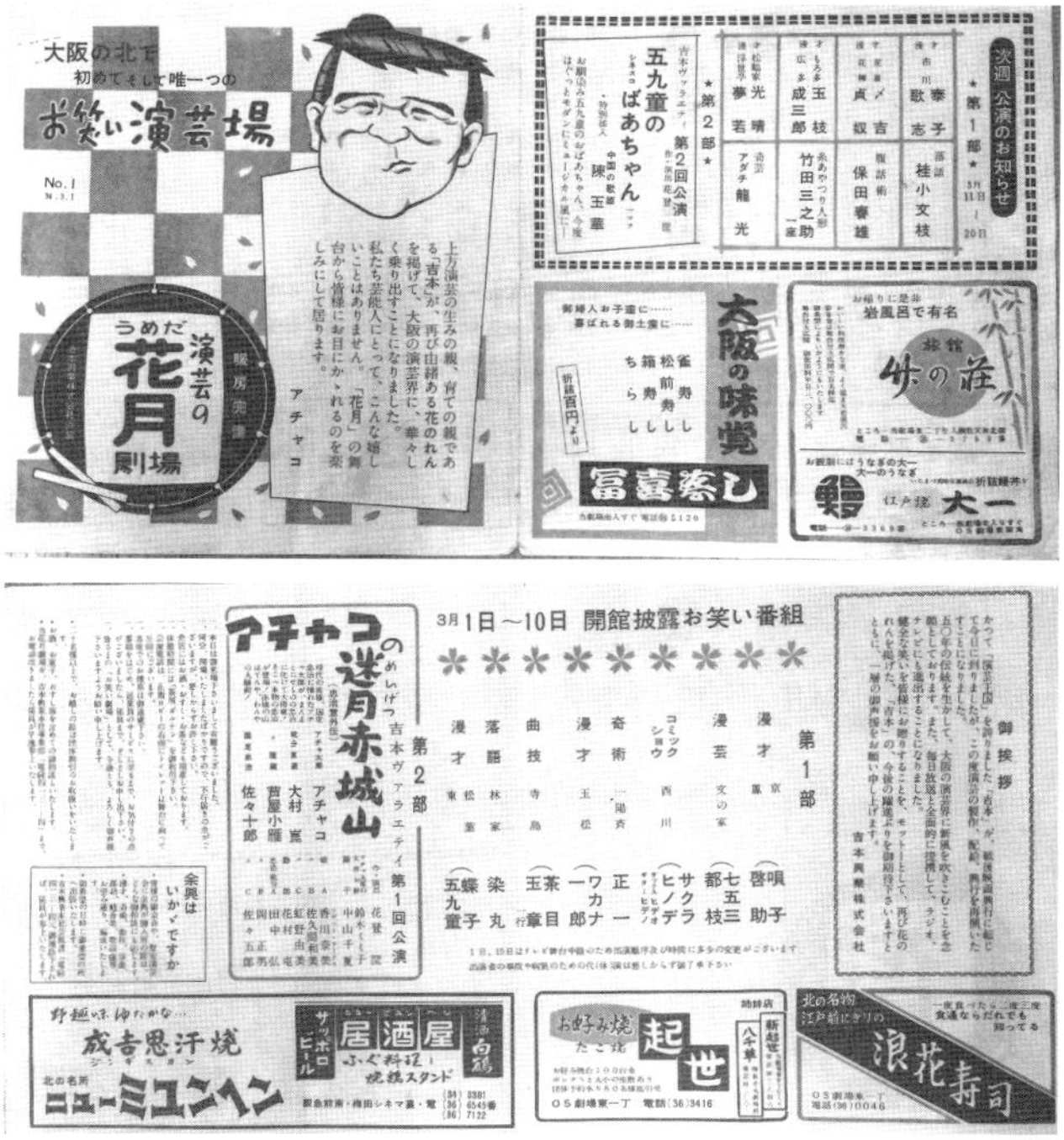

うめだ花月劇場こけら落しプログラム

相手が崑チャンと小雁では、ずっといっしょにやって来ただけにイキもピッタリあっています。いじめ役の小番頭もぴったり僕の柄に合ってたのでしょう（ほんまはそうやおまへん）、テレビ界最高の視聴率を上げ、僕の顔もようやく人におぼえられるようになって来ました。

「いや、ものすごいことといわはる」という流行語もそのころ生まれました。

うめだ花月劇場のこけら落

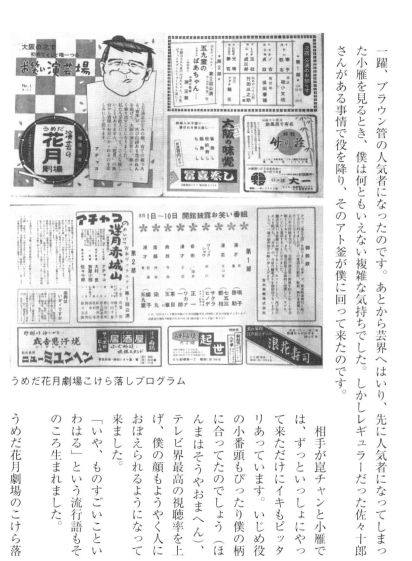

とし興行のプログラムによれば、第一部が漫才・落語、奇術、曲技などの演芸番組で、第二部は、作・演出・花登筐の「吉本ヴァラエティ　アチャコの迷月赤城山（忠治意外伝）」。主演の花菱アチャコは、国定忠治にあこがれてにせものの忠治に化けるアチャ太郎、そこへ佐々十郎扮する本物の国定忠治が現われて、赤城の山はてんやわんやの大騒動になるという物語で、アチャ太郎の子分・崑蔵と雁蔵が大村崑と芦屋小雁である。

アチャ太郎の女房役に茶川一郎夫人で南街ミュージックホールのコメディエンヌだった鈴木ミミ子、名子役だった中山千夏、OSミュージックホールのラヴリー・ラークスも出演しているが、芦屋雁之助の名はない。OSミュージックホールからぬけられなかったのだ。

三月九日、南街シネマのステージから生放送された『番頭はんと丁稚どん』は佐々十郎の小番頭、大村崑・芦屋小雁・茶川一郎の丁稚どんという配役だった。

三月十一日からの「吉本ヴァラエティ　第二回公演」は花登筐作・演出で「五九童のシネスコばあちゃん」。主演の東五九童《あずまごくどう》は毎日放送専属の看板スターで『五九童のおばあちゃん』はラジオの人気番組だった。この公演に花登組からは芦屋小雁だけが参加している。プログラムにのっている第三回公演の予告に「開館以来、皆様にお馴染みのコメディアン芦屋小雁が、コミック・ショウの人気者西川サクラ・ヒノデを向うに廻して、またまた楽しい笑いを振りまきます。どんな珍プレイが飛び出しますか、――抱腹絶倒請合いの舞台をお目にかけます」と期待をそそるコピーをのせているが、二十一日からの第三回公演に花登組は誰も出ていなくて白木みのるが初登場する。理由はいまとなってはわからない。

三月十六日、『番頭はんと丁稚どん』の放送終了後、異変が起きる。

佐々十郎が突然降板を申し出たのである。

花登筐によれば、三月九日の第一回の放送直前、突然佐々十郎が「悪役だからおろしてほしい」と申し出た。怒りを抑えて、即座に芦屋雁之助に切りかえた、ということだが、これは明らかに花登筐の記憶違い。

佐々十郎が出演しているうめだ花月のこけら落とし公演が三月一日初日で十日までということを考えると、『上方放送お笑い史』の、

「関西弁もできないのに船場の番頭なんて無理。それに丁稚をいびる悪役なんて御免だ」番組スタート時に番頭役だった佐々十郎は、こう言って、わずか二回で降板した。


という記述、つまり三月十七日までは佐々十郎は出演していたという方が正しいように思う。

大村崑・芦屋小雁のお二人にこのことをきいてみたが、はっきり覚えていないという。

いずれにせよ芦屋雁之助が書いている通り「レギュラーだった佐々十郎さんがある事情で役を降り、そのアト釜が僕に回って来た」のだ。この交替劇を花登筐は「それで圧倒的な人気が出たのだから、うまくゆくときは、うまくゆくもので、佐々君が、番頭役をすんなり引き受けていたら、あの番組はああまで当たらなかったかもしれないし、芦屋雁之助君も今の地位を保っていられたかは、疑問である」という感想でしめくくっているが、芦屋雁之助本人もそれを認めている。

この影響をモロに受けていたのはうめだ花月劇場の吉本ヴァラエティだった。第四回公演は四月一日からの「横山エンタツの爆笑実演」の予告で「佐々十郎　大村崑　芦屋小雁　芦屋雁之助らが

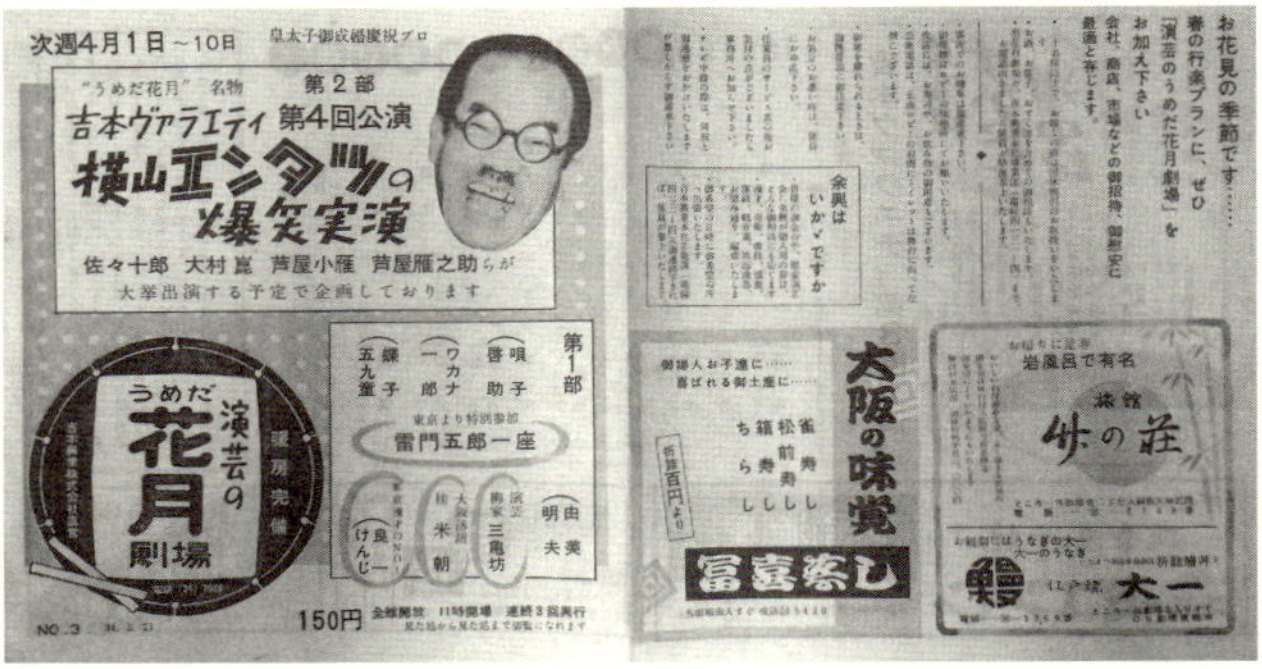

うめだ花月劇場プログラムより、吉本ヴァラエティ第４回公演予告

大挙出演する予定で企画しております」とあるが、実際に出演したのは、横山エンタツ・芦屋雁之助・芦屋小雁・芦屋凡凡らで、佐々十郎、大村崑の名前はない。花登組としては『やりくりアパート』のレギュラーだった元エンタツ劇団の三《み》角《すみ》八重が吉本ヴァラエティに初登場している。

しかも作・演出は吉本文芸部になっていて、花登筐の名前はない。芦屋雁之助のうめだ花月劇場最初の出演が「幕のうちそと」に書いている〈そして「またいっしょにやろうや」と僕をひいてくれ〉た結果だったのだろうか。

私はこのころは花登組と一切関わらない朝日放送の看板番組『びっくり捕物帳』のディレクターをこなすだけで精一杯だったから、他局の番組などみる余裕もなく、番組の裏情報など知る由もないが、佐々十郎突然の降板のことを考えると、ここでも芦屋雁之助はピンチヒッターとしての役割を果していたのではないだろうか。

それにしても急激な変化であった。「幕のうちそと」によれば、

「番頭はんと丁稚どん」の当たりに刺激されて各テレビ局もコメディー番組制作に積極的に乗り

出して来ました。一局で二本のコメディープロは作っておりましたから、民放だけで合計八本、そのすべての番組からお座敷がかかるようになった。
一日三本のテレビに出演…なんてザラでした。家へ帰るのも夜明け、寝る暇もなく、お茶だけ飲んでまた仕事へ…という繰り返しの毎日が続きました。

こんなスケジュールの中で芦屋雁之助はうめだ花月劇場の舞台に毎月十日の出演をしている。昭和三十四年四月下席「お笑い船場恋唄」。出演者は、大村崑・芦屋雁之助・芦屋小雁・芦屋凡凡・白川珍児・白羽《しらば》大介・笑福亭松之助。芦屋凡凡は芦屋雁之助・小雁の末弟で、兄たちの活躍から芸能界にあこがれ、丁稚奉公をしていた東京の呉服屋から京都へ戻ってきてこの時が初舞台。翌年『番頭はんと丁稚どん』で茶川一郎が抜けたあとの〝丁稚トリオ〟に抜擢されて芦屋雁平を名乗ることになる。

五月中席「おっとどっこい」大村崑・雁之助・小雁・凡凡他
下席「ボスと酒と用心棒」芦屋雁之助・小雁・凡凡・笑福亭松之助他

第四回から吉本ヴァラエティの作・演出は吉本文芸部となっていて、この五月下席の第九回吉本ヴァラエティの予告では、〝作・演出　吉本文芸部〟となっているのがプログラムでは、〝作・演出竹本浩三〟と変っている。
平成二十年十一月に刊行された、大阪府立上方演芸資料館（ワッハ上方）編の『上方演芸大全』にそのいきさつを、竹本浩三さんが書いている。

仕込み金額の高い分だけ興行成績は極端に悪化した。
「金のかからん奴おらんのか！」と、またもや林正之助の怒声である。「表歩いてるおもろそうな奴、舞台へ上げ。ほなタダやろ、お前誰や？」「竹本と言います」「花登ハンの本代は高い。次からお前書け」「僕は書いたことありません」「書いたことないサカイ書け言うてんのや」「書けますやろか」「おもろのうてもええ、吉本の人間なら書き賃要らんやろ」

吉本から東宝、松竹へ

こうして竹本浩三が吉本ヴァラエティの作・演出を一手にひきうけ、今日の吉本新喜劇の礎を築いたのだが、花登筐は第二回までしか書いていないし、代筆は認めなかったということだから、それ以後、竹本がひきうけるまでの大村崑・雁之助・小雁の作・演出をしていた吉本文芸部とは誰のことなのだろうか。

六月上席「恐妻横町0《ゼロ》番地」作・演出　吉本文芸部　大村崑・笑福亭松之助・白木みのる・三崎希於子

三崎希於子は初代ミスワカナの娘でこの回から新加入、母親譲りの色っぽい美人女優だった。

六月下席「爆笑悲劇　みおつくしの鐘は鳴る」作・演出　竹本浩三　芦屋雁之助・小雁・凡凡・藤田まこと・笑福亭松之助・白川珍児・白羽大介・三崎希於子・片岡あや子・大宅乃夫子

中席の予告に「これだけのコメディアンが揃うと、面白い、おかしいを通り越して本当に楽しい賑やかな舞台になります」とある。

七月上席「おさむいです」芦屋雁之助・小雁・凡凡・松之助他
八月上席「女は三年勝負する」作・演出　吉本文芸部　大村崑・雁之助・小雁・凡凡・笑福亭松之助・白川珍児・白羽大介・三崎希於子・片岡あや子・大宅乃夫子

予告は「久し振りに吉本コメディアンが勢揃いしました。映画・テレビ・ラジオと忙しいタレントばかりなので、これだけメンバーを揃えるだけでも大変です」。

確かにこのころ、テレビのレギュラー番組を九本持って「神風タレント」といわれていた大村崑を十日間舞台に拘束するのは〝大変〟なことだったろうと思う。「幕のうちそと」で大村崑自身は「昭和三十四年のテレビ、ラジオのスケジュールは殺人的なスケジュールでした」とだけしか書いていないが、読売新聞大阪版のテレビ欄で長期連載された「テレビと共に　タレント繁盛記184」に大村崑のインタビューがのっている。

一日が三十六時間あってほしいという心境だった。各局をまわるのに、スケジュール表の上ではA局を午後二時に終わり、B局のスタジオ入りが午後二時。これではA局からB局へ行く時間も、食事をする時間もない。寝るのは本読みや立ちげいこの合い間を縫って横になるだけ。四時間続けて睡眠をとったのは月に数えるほどしかなかった。（読売新聞大阪版昭和四十五年八月十三日）

スケジュールをトチらないように、大村崑はこのスケジュールを手帳に色分けして製図し、一日でわかるように工夫したという。スタジオでぶっ倒れて仮眠している大村崑をみて、横山エンタツは「こいつ、こんなことをしていたら死んでまいよるで」と思い、花菱アチャコは「子どもに人気があるのは、これからまだまだのびる可能性があるのだから、からだに気をつけえや」と忠告した。「三十四年十一月に、こうした先輩たちの心配が現実となり、急性肺炎で倒れ三週間入院した。ちょうど半月ほど前に、作者の花登筐氏も過労で倒れており、各局のスタッフはてんやわんや。ドラマの中でも大村崑を病気にしたり、旅行させたりして急場をしのいだのだ。入院中に人並みな生活の大切なことに気づいた大村崑は退院後、各局一本の週四本に減らそうとしたが、減るどころか、またふえるありさまだった」(「テレビと共に　タレント繁盛記184」)。

いまでも売れっこのお笑いタレントは、一日五本録りというハードスケジュールをこなしてお笑い戦線に生き残ろうと必死だが、当時はほとんどナマ放送なので、リハーサルにも時間をかけたいし、台本もきちんと覚えなくては共演者に迷惑がかかる。フリートークやアドリブが多く、段取りだけで本番に入るいまの番組づくりは別の意味で大変な才能を要求されるが、失敗できないというプレッシャーとどちらが負担が大きいだろうか。ほどなくビデオテープが導入されたが編集できないから部分録りなどなく、全て生放送の本番通り進行しての録画だったから、そのリハーサルと収録の本番の間を縫ってかけもちするのはいまの何倍も大変だったろうと思う。タレントだけではない。スタッフも拘束時間が長く、ほとんど徹夜続きで、私はこんなことを続けていたら長生きなんか出来ないぞといつも思っていたから、その何倍も苛酷な生活をしていた花登組はやがて全滅するぞとひそかに思っていたものだ。

大村崑・雁之助・小雁は昭和三十五年四月以降、うめだ花月劇場に出演していないから、吉本興業との出演契約は一年間だけで、それをなんとか履行したということなのだろう。以後吉本興業は自前のコメディアンを中心に据えてプログラムを組むことになる。

その間、テレビでヒット番組を次々と生み出す花登筐と東宝テレビ制作室との間柄はぬきさしならないところへ突入する。

『私の裏切り裏切られ史』に花登筐側の思いはくわしく書かれているが、当時の私には東宝テレビ制作室側からの話しか入ってこないし、渦中の人となった茶川一郎さんとは、私がラジオの新人プロデューサー時代、南街ミュージックホールの人気コメディアンだった彼のラジオ初出演をプロデュースして以来の仲良しだったから、東宝に残った事情・心情をきいている。所詮このような問題は、はるか昔に吉本興業と新興演芸部との間に起こった引抜き合戦におけるあきれたぼういずの川田義雄の立場と心情をまわりからいろいろ言ってみたところで本当のことは判らないのと同じである。

東宝テレビ制作室の考え方と合わないと感じた花登筐は、松竹と組んで劇団『笑いの王国』を結成し、昭和三十四年九月に道頓堀の中座での旗上げ公演を画策する。花登筐さんの手になるテレビ番組のほとんどが東宝テレビ制作室の制作で、『番頭はんと丁稚どん』のように東宝系の劇場で収録しているだけに当然のことだが混乱が起きた。

『笑いの王国』前夜

東宝の専属作家である花登筐さんが、東宝テレビ制作室所属のコメディアン達をフルに起用して、週十二本のテレビ番組の脚本・演出を担当し、いずれも高視聴率をとる人気番組に育てあげたその時期に、事件が起った。

『やりくりアパート』のレギュラーで、花登筐が発見し育てたといってもいい天才子役・中山千夏が、梅田コマ劇場の昭和三十四年二月公演、三益愛子・古川緑波の顔合せのコマ現代劇、作・演出・川口松太郎の『母』と、原作・山崎豊子、脚色・演出・菊田一夫の『花のれん』に出演することになった。梅田コマ劇場の伊藤邦輔支配人から頼まれたとき、花登筐は「単に達者な子役の存在が必要だったからであろう」と思い「結構です」と返事した。「私に反対する理由は何もなかった。彼女が菊田先生の指導によって成長してくれればよいと思ったからである」。梅田コマ劇場に出演しながら花登筐のテレビ番組との掛け持ちができるように計らいもした。

ところがである。

千秋楽がすんで、彼女が菊田先生に大変気に入られ、東京の芸術座へ出演させろとの命が、出たのである。(『私の裏切り裏切られ史』)

花登筐が書いているいきさつには、明らかな記憶違いはともかく、勘違いがいろいろある。菊田一夫が演出した『花のれん』では、中山千夏の活躍する場はないので、多分、菊田先生は、三益愛子の十八番ともいえる〝母もの芝居〟の『母』での中山千夏の天才子役ぶりをみて〝大変気に入り〟、その時十月・十一月の芸術座公演で構想していた『がめつい奴』の三益愛子に次ぐ重要な役〝孤児のテコ〟は中山千夏しかないと思ったに違いない。

『がめつい奴』は三十四年十月から芸術座で公演され、この公演の演技で芸術祭賞を受賞した名女優・三益愛子の〝お鹿ばあさん〟を相手に、中山千夏は天才子役ぶりを存分に発揮、評判となり、二カ月公演の予定が三十五年七月まで上演日数二七〇日という日本演劇史上空前のロングランを記録するという大ヒットで、テアトロン賞や菊池寛賞などを受賞する。中山千夏は東宝演劇部専属女優として契約し、花登筐が恐れた通り、花登の許へ戻ってはこなかったのだ。

菊田一夫のお声がかりで東京の劇場へ出演するということは、関西の東宝関係者にとってはこの上ない名誉なことだったが、納得できない花登筐はこれに猛然と反撥する。そして、このことが花登筐をして、育ててくれた東宝を〝裏切って〟ライバルである松竹へ奔らせ、その影響は、大阪のテレビ界だけでなく、演劇界、映画界にまでひろがったのだ。この時のいきさつと気分を、花登筐は『私の裏切り裏切られ史』にかなりくわしく書いているので、気になる方は是非原文に当ってほしいと思う。

中山千夏を東京の芸術座に出演させるということは、大阪制作のテレビ番組にはキャスティングできないということである。それを断固として拒絶する花登筐。それにしても、昭和三十年代の映画会社とテレビ局のパワーの違いを考えると、全く無謀な行為ではあったが、花登筐はこれからの主戦場となるであろうテレビの番組を守るために、東宝という巨大なパワーと闘ったのだ。

昭和三十三年、私にも同じような問題が起ったことがある。これは森光子さんにまつわる有名なエピソードだが、三十三年七月、梅田コマ劇場に出演中の森光子さんの舞台を偶然に見た菊田一夫に、芸術座で上演する『花のれん』に出演しないかとさそわれた。このチャンスを逃したくないと思っている森光子さんの気持を汲んで、私は担当していた中田ダイマル・ラケット・森光子主演の『びっくり捕物帳』をＶＴＲ録画するべく動いた。『びっくり捕物帳』はダイマル・ラケットのスケジュールの都合でしかＶＴＲ録画をしたことがなかったから、まずダイマル・ラケットの了承をとった。このときのことを『びっくり捕物帳』の脚本を書いていた香住春吾が新聞の連載「振りむけばあの時」という回想録に書いている。

彼女の東京出演のために、テレビ八本、ラジオ十二本の撮りだめをしなければならない。当時すでにビデオテープが実用化していたので、『びっくり捕物帳』は穴を開けずにすんだ、だが強行スケジュール、森光子は耐えたが作者のわたしは、ノビてしまった。わたしは彼女を恨まず、菊田一夫を恨んだ、〝こんチキショウ、かっぱらいやがって――

やっと戦力になるところまで育ててきた中山千夏の成長を願って、『やりくりアパート』への出演をＶＴＲ録画でつないできた花登筐も、菊田一夫に対してやはり、〝こんチキショウ、かっぱらいやがって〟と思ったに違いない。

東宝を出る覚悟をした花登筐は、すぐ「各テレビ局と交渉を始め、同時に当時松竹の白井松次郎社長の次男である松竹関西演劇担当重役の白井昌夫氏とひそかに、劇団を作る工作」までしていた。この手廻しのよさは、大学を出て就職した大阪船場の糸問屋で学んだ船場の商人の鉄則――「敵を作る時には、まず味方を作ってからにしろ」によるものだ、と『私の裏切り裏切られ史』に書いている。

花登筐は劇団『笑いの王国』を大村崑・芦屋雁之助・小雁と共に結成、由美あづさ・三浦策郎・かしまし娘・川上のぼるの加入という顔ぶれで、三十四年九月、道頓堀の中座で公演すると発表した。この劇団名は松竹が持っていた『笑の王国』をいただいたもので『笑の王国』は徳川夢声・古川緑波・渡辺篤・大辻司郎・山野一郎などが、浅草常盤座で昭和八年四月一日に旗揚げした劇団で、そのころ浅草の人気者だったエノケンを独走させては扱いにくくなるという松竹の思惑で、系列会社の常盤興行につくらせたと、旗一兵さんの『喜劇人回り舞台』は解説している。

この年に生まれた私だが、この劇団名には憧れのようなものがあり、花登筐さんも同じ思いからこの劇団名を選んだのではないだろうか。劇団結成五周年記念公演のプログラムに、花登筐・大村崑・芦屋雁之助・芦屋小雁の対談がのっていて、『笑いの王国』を結成する前の状況から語っている。

崑　ぼくは北野劇場のアトラクションばかり。それが北野劇場が実演中止で、吉本のうめだ花月へ三人で行きました。

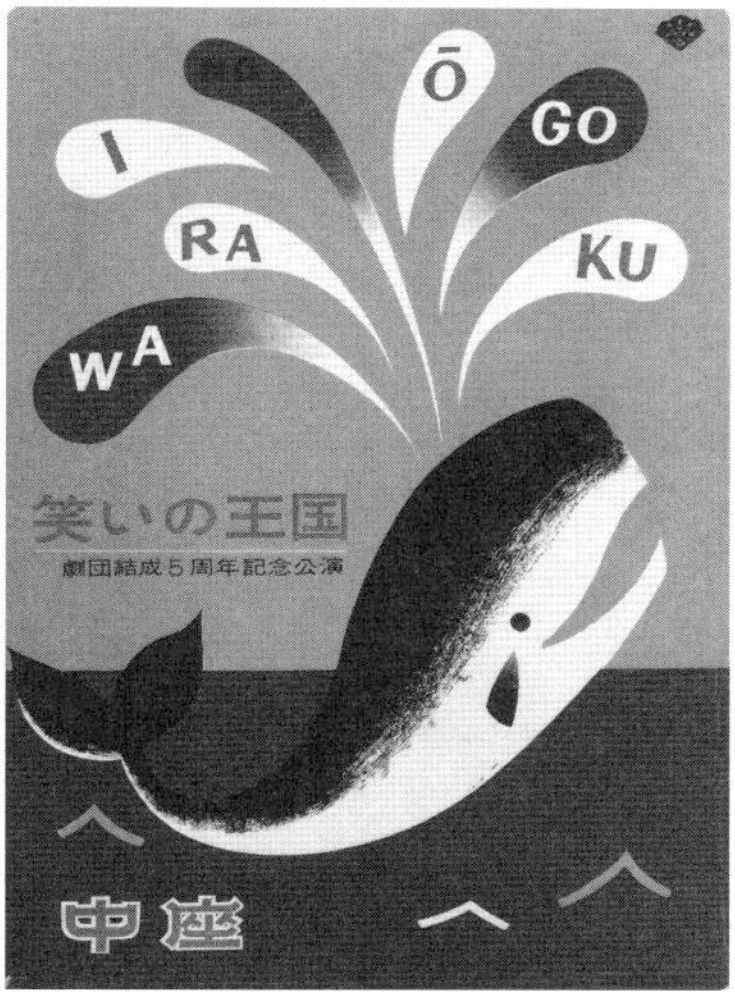

『笑いの王国』劇団結成５周年記念公演プログラム

雁之助　私は、うめだ花月の前はＯＳミュージックホールに三年間コメディアンとしての勉強さしてもらいました。いわゆる芝居らしい芝居は花月で覚えました。それは十分ぐらいのコントでしたから。

小雁　ぼくも兄貴と一緒でＯＳへ出たの二年間ばかり、あとはテレビで訓練されました。

花登　東宝には四年間いたかな。ＯＳの演出など含めて。吉本とは一年契約だったが実働は半年ぐらいでした。

三十四年九月の中座公演は花登筐グループの演劇活動と考えられ、劇団『笑いの王国』の旗揚げ公演は、劇団記録によれば昭和三十五年の五月、南座公演で、劇団の正式な結成もそこからになっているために、いろんな記述で混乱が生じている。特に記憶で書いている『私の裏切り裏切られ史』ではいつ起ったことかの検証がむつかしい。その中でこの対談は、記憶が鮮明な時期なので貴重な証言となっている。

雁之助　九月の中座は「女中はんと丁稚どん」「コッポリと角帽」、この舞台で私の番頭が自分でどうやら板についたと思いました。そやけどはじめての中座の舞台こおうて。これまでの小屋はハダカやイロモノをみるお客さんでした。道頓堀は違います。お芝居をみるお客さんですから緊張しました。

小雁　うれしうて、こわかったのが中座の初舞台、そして南座の時は夢中で我ながら純粋やった。

花登筐は劇団『笑いの王国』の結成を突然発表したわけではない。『やりくりアパート』の朝日放送と『番頭はんと丁稚どん』の毎日放送に事前に交渉している。

毎日放送からは、茶川君抜きの「番頭はんと丁稚どん」でも仕方がないとの了承を受けたが、朝日放送は「佐々やん抜きなら『やりくりアパート』の番組を辞めよう」との回答であった。

私は「ようし、やってやる」と決意を固め、松竹の白井常務と本格的に劇団をつくり始めた。

（『私の裏切り裏切られ史』）

大阪のテレビ界始まって以来の大変動が起きようとしている三十四年八月、私は朝日放送のディレクターとしてテレビ制作部にいたのだが、三十四年七月の視聴率調査で『やりくりアパート』が五〇・六％の高視聴率で、人気のプロレスを抜いて視聴率争いのトップに立つ絶好調、佐々十郎も茶川一郎も機嫌よく出演していたし、タイトルには変らず「東宝テレビ制作室」と入っていて、全くそんな異変に気がつかなかったのだ。

この騒動の影響をモロに受けたのは毎日放送で、昭和三十五年二月いっぱいで『番頭はんと丁稚どん』から茶川一郎が涙と共に降板し、三月から公開放送の会場がミナミの南街シネマからキタの松竹劇場へ変る。三十四年七月に南街シネマでスタート、木曜の夜七時からの放送で、藤田まことが生コマーシャルを担当してヘンな人気が出はじめたので私もみていた『コミック捕物帳・まげもの一一〇番』も、夢路いとし・喜味こいし、大村崑・芦屋雁之助・茶川一郎などのキャスティングから大宝《たいほう》芸能に所属することになったいとし・こいし、茶川一郎が抜けて、松竹劇場へ会場を移し『まげもの十八番・ざんぎり長屋』で五回、『迷巡査物語　お笑い一一〇番』で十回続けて終るなどなど。

『番頭はんと丁稚どん』を松竹では早速映画化し昭和三十五年五月封切、大当たりして八月に〝続〟、三十六年正月に〝続々〟、四月に〝続々々〟と四本制作、二本目からはカラー作品で、昭和三十八年に『てなもんや三度笠』が東映で二本映画化されたが、白黒作品だったことを考えるとテレビ番組の映画化としては破格の扱いだったのだ。

佐々十郎と茶川一郎の抜けた朝日放送の『ダイハツコメディ　やりくりアパート』は三十五年三月六日から大村崑・芦屋雁之助・芦屋小雁をメインに『やりくり天国』に変る。

花登筐によれば、

私は昭和三十四年九月、劇団「笑いの王国」の旗揚げ公演を大阪の朝日座（その当時は文楽座と呼ばれていた）で上演した。

私はその時、開幕前に緞帳《どんちょう》前で挨拶をした。

その挨拶の趣旨は、あくまでコメディアン達の演技を向上させるために、と言ったが、ダイハツの和田常務は、それをテレビ放棄と見なされたらしい。

「わが社は、テレビ番組を要求している。舞台を応援しているのではない」

そして、「やりくりアパート」は、打ち切りになった。（『私の裏切り裏切られ史』）

旗揚げ公演の年月や「朝日座で上演」などの記憶違いは正せばすむが、「ダイハツ」についてのエピソードはどう考えればよいか。

『ダイハツコメディ　やりくり天国』は三十六回、そのあと『ダイハツコメディ　やりくり三代記』で七十七回、三十七年三月からは『ダイハツコメディ　青春タックル』で三十五回と、昭和三十三年四月六日から昭和三十七年十月二十八日まで四年半に亘って、日曜の午後六時三十分からの三十分枠は、花登筐さんが〝ダイハツコメディ〟で独占し続けたのだが……。

そして昭和三十五年三月一日、劇団『笑いの王国』の旗揚げの日に花登筐は一大イベントを仕掛けたのだ。

『笑いの王国』結成デモンストレーション

『やりくりアパート』でテレビにデビューしてから、二年を経ずして、一躍売れっ子になった大村崑ら花登一門のコメディアンたちは、映画や舞台にも進出、昭和三十四年九月には、大阪・道頓堀中座で独立プロ「笑いの王国」旗揚げ公演を行った。この成功に自信を得た花登一門は、「ドタバタ喜劇だけでは、寿命は目に見えている。ほんとうの意味での庶民の喜劇を作るのはやはり舞台だと考えて〝笑いの王国〟を劇団組織にして、東宝から独立した」

と花登筐の言葉を読売新聞大阪版は昭和四十五年から連載された「テレビと共にタレント繁盛記」で紹介したあと、『笑いの王国』の知名度を高めるために花登筐が考えたイベントについて書いている。

〝笑いの王国〟結成後、テレビでのメーン・エベントは大村崑、芦屋雁之助、小雁のトリプル結婚式（35年3月1日）だった。よみうりテレビ「とんま天狗」でトリオを組む三人の第二の人生の出発を祝って、同局の二つのスタジオをぶち抜き、三組の披露宴を一時間にわたって放送した。番組を担当した矢部章プロデューサーは「故新田宇一郎よみうりテレビ専務夫妻を仲人に、関係者約百人を招いてのパーティだったが、二つのスタジオは超満員。三組の夫婦をうつし出すのにも苦労するほどの盛況だった。それに局の玄関前には子供を中心にしたファンが押しかけ、崑ちゃん、小雁ちゃんは裏口から新婚旅行へ出発するありさまだった」と、彼らの人気のほどを語っている。(読売新聞大阪版昭和四十五年八月十八日)

このトリプル結婚式の仕掛人である花登筐が『私の裏切り裏切られ史』に書いたいきさつは正確ではない。三月一日のトリプル結婚式のあとに起った事柄や、五月一日に初日を迎えた『笑いの王国』京都南座公演のエピソードが、時系列を無視して思い出すままに書かれているのだ。いまとなっては確認できないことが多いが、少ない資料からトリプル結婚式が実現するプロセスを追ってみた。

その頃である。どこか忘れたが、夕刊紙が大村崑君の恋愛問題をすっぱ抜いた。(『私の裏切り裏切られ史』)

この〝その頃〟とは、文脈からいえば『笑いの王国』結成以後のことになるのだが、昭和四十一年九月から十月に大村崑さんが大阪新聞に連載した「幕のうちそと」によれば、昭和三十四年三月、大村崑、芦屋雁之助、芦屋小雁が吉本興業からそれぞれ三十万円の契約金をもらってうめだ花月の吉本ヴァラエティに出演していた「そのころ雁ちゃんは、美しい踊り子さんと結婚してた。でもファンの人は知らなかった。彼は独身で通していた。小雁ちゃんは、歌手の女性と恋愛中だった。僕は恋人に逃げられて、本物の独身だった。(中略)その年の初夏だったと思う。花登先生が「雁ちゃんはもう結婚してるが、世間の人は知らない。いつまでも独身で通すわけにもいかんしテレビで結婚式を上げ、ファンの人に公表しようと思っている。ちょうど小雁ちゃんも恋愛中だから、いっしょにやろうと思ってる。ついては、この際、崑ちゃんもいっしょにやったらどうだろう」と相談を受けた」。

芦屋雁之助さんの「幕のうちそと」には、「ある日小雁が「兄貴に相談があるんや」と真剣な顔でいいます。どうしても結婚したい相手があるとの事、何とその相手はやはりOSミュージックの歌手、この忙しいのにいつの間に…と感心しました。崑チャンにもやはり婚約者がいました。「それやったら三人同じ日に、同じところで結婚式挙げたらどや」と花登先生の提案。いかにもコメディー作家らしい発想です。「それなら」という事で三人協議一決、無事天満宮で式を挙げました。もちろん僕の花嫁は例の彼女である事はいうまでもありません」。

〝例の彼女〟とは雁之助さんがOSミュージックホールをなかなかぬけられなかった原因になった〝背のすらっとした僕好みの〟OSミュージックの踊り子のことである。

「幕のうちそと」によれば、

思えば思うほど打ち明けることが出来ず、いつも舞台のソデで彼女の踊りを見ていました。(…純心やったんですな)ところが、彼女に真剣にプロポーズしている男性を知り、これはいかんと意を決し、思いを彼女にぶっつけたのです。すると彼女も僕のことを憎からず思っていたというではありませんか！この感激!!　僕はまるで夢心地で舞台がハネると彼女とのデートを重ねました。

雁之助さんがトリプル結婚式のアイデアをきいたとき、大村崑さんには婚約者がいたと書いているが、「幕のうちそと」の当の本人の証言によれば、大村崑さんが婚約者にはじめてあった運命の日は七月二十八日で、「その日は読売テレビで、佐々やんと『珍劇アワー』の本番日だった」。全ての証言の中でこの日だけがはっきりしているのは、大村崑さんにとって忘れてはいけない大事な日だからなのだ。この運命の出会いで大村崑さんは「目が大きい、えり元が美しい、足がスマートだ。これはボクの趣味だ。この女性を嫁さんにと決めた」。一目惚れというヤツである。

ボクは遠慮するこの女性をむりやりに食堂に案内して、五十円の冷そうめんを注文（それしかなかった）イスにすわるや、ボクはいった。「今三十万円貯金してます」彼女は、ハトが豆鉄砲をくらったような顔をしてボクを見た。（中略）「若いのに貯金なんかしてエライ人ね」と彼女は思ってくれたのかと思ったら、あとでわかったんだが、その時「なんて急に変な事をいう人だろ」と思ったそうだ。そらそうだろう。でもボクの全財産は、吉本の専属料に受け取った三十万円だけだったのである。

それから二週間目に再会し、大村崑さんは「昔から、ことわざにある「一押し二押し三に押し」」を実行する。

そんなころ知人の新聞記者とお茶を飲みながら、世間話をした時「崑ちゃん結婚しないのか?」と聞かれた事があった。ボクは「うん、すてきな女性がいるんだけど、まだ彼女には何もいってないのです」と何気なくこんな会話をかわした事があった。

たったそれだけの事で数日たって「嫁さん見つけた…大村崑」の見出しの新聞を見た時には驚いた。それ以上に彼女も驚いたらしい。

ここで花登筐さんの「夕刊紙が大村崑君の恋愛問題をすっぱ抜いた」という件が合致する。

まだ「好きです、結婚しましょう」なんて一度もいった事がないのに、新聞の一面に大きく甘い甘いセリフがいっぱいのっている。

ボクはその新聞を持って、彼女の六甲の家にあやまりに行った。両親は大へんボクに好意を持って迎えてくれた。そんな事があって数日後ボクはその新聞を持って彼女を須磨に連れだし、食事をしながらプロポーズした。

「他人が書いたものですが、あなたに対するボクの気持ちはこの新聞に書いてある通りです」と結婚を迫って成功した大村崑さん、花登筐さんにもきちんと紹介し、〈親代わりとして先方の家へも挨拶に行って〉もらったりしたが、花登筐さんの心配は〈芦屋兄弟のことであった。つまり、二人とも、その時、恋人がいたのである〉。

大村崑君の記事が出れば、当然、芦屋兄弟のことにも及ぶと恐れた私は、三人を呼び、

「三人が一緒に結婚式を挙げればどうか?」

と、切り出した。大村崑君は、一も二もなく同意したが、芦屋兄弟は、今から考えるといささかためらいがあったようだ。しかし、私は説得した。それが経費の一円も要らず、劇団「笑いの王国」のデモンストレーションともなる「テレビ結婚式」であった。（『私の裏切り裏切られ史』）

三人と話がついて花登筐は読売テレビの矢部章プロデューサーに話を持ちかけた。矢部章さんは後に花登筐の代表作の一つとなる『細うで繁盛記』のプロデューサーとして大活躍する。私の手許にある昭和三十五年一月三日のスポーツニッポン紙の芸能欄は「〝デッチどん〟にも春が来る　結婚ひかえて気もそぞろ」の見出しで、大村崑、茶川一郎、芦屋雁之助、芦屋小雁を「大阪お笑い四人組」としてポーズをつけた写真入りで紹介し、大きく三人の結婚を取り上げている。記事は、

「ケッコンてなんのこと、とお兄ちゃんに聞いたら、お嫁さんをもらうことやといいました。ほんまに崑ちゃん、おめでとう」山積された年賀状の中にこんな、あどけない字の年賀ハガキが一枚あった。「ほんまにうれしいです。こんなに祝福されるなんて――」崑松の崑ちゃん、小松の小雁に、小番頭雁七の雁之助たち、いまにも〝ウワー嫁はんもろた〟とおどりあがりそうな百万ドルのエビス顔。そこで、まず三人のフィアンセを紹介しよう。

とかなりくわしくフィアンセを紹介している。

同じ一月三日の全国紙にも「西方のお笑い三人組」と『やりくりアパート』の佐々十郎・大村崑・茶川一郎を、スタジオセットでの扮装写真に「茶の間の人気者　まさに神風タレント」の見出

しで取り上げていて「三月一日には師匠の劇作家花登筐氏の仲人で、仲間の小雁ちゃんや雁之助ちゃんと型破りの〝テレビ披露宴〟をやる予定だそうだ」とある。このトリプル結婚式を噂話でなく正式に（大阪発）として記事にしたのは二月十四日付の読売新聞だった。「大村崑・芦屋雁之助・芦屋小雁三人そろって結婚式・披露宴はショー形式で放送」の見出しで、

これは「テレビで生まれ、テレビで育ったのだから、テレビで結婚報告をしてやりたい」という劇作家花登筐（はなとこばこ）氏の希望もあって、よみうりテレビ（大阪）が特別番組「結婚式典ショー」（1日午後2時）を編成、スタジオから三人の喜びの表情を放送する。

と紹介したあと「この企画は三月上旬、劇団『笑いの王国』を旗上げする花登筐氏が、よみうりテレビに持ちこんだもの。」という裏話から、費用、式次第、出席者、パーティの構成などくわしく書いている。この記事、フィアンセの写真がはじめて紹介されるなど読売新聞・大阪ならではの内容だが、いまの芸能人の結婚発表記事とくらべるとフツウのレベルでしかない。しかし芸能記事が映画・演劇を中心につくられていた時代だった昭和三十年代ではびっくりするような扱いで、「テレビ」が育てたタレントの私生活がニュースになった最初の出来事だったかもしれない。とすればこの「トリプル結婚式」は、日本にテレビ時代がきた一つの象徴として記録されるべき出来事であったのだ。

そしてこの結婚式ショーが五月一日初日を迎える『笑いの王国』南座公演のＰＲに大きく寄与したことは疑いない。花登筐も書いている。

現在ならば、観客動員に営業マンが走り回らねばならぬが、その必要はなかった。一日、昼夜六本上演を私が全部書いたが、昼夜の中に、「番頭はんと丁稚どん」の演題を掲げるだけで、いわゆる劇場にとっては〈突っかけ〉と称される、当日売りの最ももうかる客がきたからだ。〈突っかけの客〉は、団体の割引客と違って、正味の入場料を払う観客である。客席は、そんな観客であふれかえった。(『私の裏切り裏切られ史』)

「仕掛人はあくまで影の人間だからである」と考える花登筐は仕掛けた結婚式の画面にいっさい顔を出していない。

『笑いの王国』の活動

昭和三十五年五月一日に初日を迎えた『笑いの王国』の京都南座公演のプログラムが私の手許にある。表紙に「京都初公演　笑いの王国　WARAI　NO　OGOKU」。扉の出演者の写真に囲まれて花登筐のあいさつがのっている。

私達がまだ幼なかった頃、四条辺りを通ると、いつも南座のあの華麗な雰囲気に目を見張らせ、思わず足を止めたものでした。

それと云うのも、どこか心の奥底に、南座の檜舞台への憧憬がひそんでいたのかもしれません。はからずも、この度、新しい意気に燃えて結成致しました劇団「笑いの王国」が、旗揚げ第一回公演をこの憧れの南座で打つことが出来ましたことは、欣快にたえません。

この栄光への花道をしっかり踏みしめて、劇団員一同張切って舞台を務め、京都の皆さんに存分に芝居を満喫していただくつもりでおります。何分、至らぬ点も多々あると思いますが、よろしく御指導、御鞭撻をいただき、今後共、この若い劇団を育てていただけますようお願い申し上げます。


ここに至るまでの東宝との交渉でみせた強気な態度がこのあいさつ文に感じられないのには理由があった。

昭和三十六年十一月十二日に劇団『笑いの王国』が発行した『王国新聞』臨時特別号による「劇団の歩み」には、

昭和三十五年三月一日　発足
大村崑・芦屋雁之助・芦屋小雁、テレビ結婚式を挙ぐ

とあり、「舞台公演」の記録では、

昭和三十五年五月一日〜五月二十日（南座）

が劇団『笑いの王国』の初公演となっているが、花登筺さんがこの二十年後に、多分記憶だけで書いた『私の裏切り裏切られ史』には、

私は昭和三十四年九月、劇団「笑いの王国」の旗揚げ公演を大阪の朝日座（その当時は文楽座と呼ばれていた）で上演した。

（筆者注・この旗揚げ公演の劇場は中座であった）

私はその時、開幕前の緞帳《どんちょう》前で挨拶をした。

その挨拶の趣旨は、あくまでコメディアン達の演技を向上させるために、と言ったが、ダイハツの和田常務は、それをテレビ放棄と見なされたらしい。

「わが社は、テレビ番組を要求している。舞台を応援しているのではない」

そして、「やりくりアパート」は、打ち切りになった。

筆者注・このような発言があったかどうかは定かではないが『やりくりアパート』が終了したのは翌昭和三十五年の二月二十八日で、翌週から『やりくり天国』と企画変更、ダイハツは提供を続けている。

だが、スケジュールのすごさは、日増しに強烈となってきた。劇団の事務所は、大阪の三休橋の近くに松竹が借りてくれ、松竹から総務や経理担当も派遣されてきた。その総務担当は関本氏。経理担当は村木氏という松竹社員であったが、村木氏は後に松竹を辞め、私のマネージャーを務め、私が大阪を去ってからは、音楽家の加納氏とともに音楽プロダクションを興した人である。

その頃、劇団員はスタッフ、俳優を含め五十名はいたであろうか——。

大阪の朝日座の次は、京都南座の公演であった。

筆者注・このあと南座公演のエピソードが二頁半続く。どうやら花登筐さんの中で、昭和三十四年九月の『笑いの王国』旗揚げ公演と、昭和三十五年三月の劇団発足と同時に行われた合同結婚式のイベントの間にあった半年の歳月がスっとんでしまっているようなのだ。

昭和三十四年九月から三十五年三月までの半年間にあった花登筐と東宝との感情まるだしの交渉や、その一方で密かに行われたであろう松竹との交渉については、『私の裏切り裏切られ史』に書かれているだけでも二十頁に及ぶ。同じ時期に東宝関西支部テレビ課に在籍して、花登筐の番組を担当していた山路洋平さんも、『上方芸能』に平成十八年に連載した「関西のテレビコメディ史〜テレビとわたし〜」で、花登筐に誘われたがついていけなかった人の気持を書いている。私も、仲の良かった茶川一郎さんから、このトラブルで『番頭はんと丁稚どん』を降板することになった時、世話になった東宝の課長を裏切れない苦しみを涙と共にきいている。

当然、当時の新聞も書いている。昭和三十五年二月二十日付の大阪の夕刊紙『関西新聞』は、

花登筐と東宝側、各テレビ局が協議をつづけたすえ、毎日テレビの「番頭はんと丁稚どん」、読売テレビの「とんま天狗」だけは、東宝テレビ課・笑いの王国提携制作の形でこれまでどおりつづけ、脚本も花登が担当することにきまった。ただし「番頭はん」の茶川は三月から姿を消す可能性が強い。「笑いの王国」のメンバーがすっかりぬけたあとの番組は、東宝テレビ課がいちおうつづけることになっているが、企画変更したり、消滅したりすることは確実だ。

そして『笑いの王国』が独自のテレビ番組を五本、東宝との合作を二本、計七本を手がけることになったのだが、「これからはステージ、映画でも活躍すると意欲的だ。テレビ部門でも、笑いの質を少しずつそらしながら、文字どおり「笑いの王国」をきずいてしまいそうな気配である」と予測している。

三月五日付の『東京新聞』のラジオ・テレビ欄は、〝「笑いの王国」誕生で揺れる上方お笑い陣〟〝いまや崑ちゃん、佐々やんも反目〟の見出しつきの記事でこの激震の裏側を教えてくれる。

上方〝お笑い〟界に旋風を巻き起こした「笑いの王国」（花登筐、大村崑、芦屋雁之助、同小雁ら）の東宝脱退は、表面上「円満退社」となっているが、その裏にはさまざまの波紋があるようだ。ことに関西テレビ界は「花登一家」にひっかき回された格好で、番組の編成替えに大わらわ。しかもこの〝笑い〟の分布図をめぐって松竹と東宝が二手にわかれ、新勢力の地盤争いにまで発展している。

このあと、花登一家が東宝に三下り半をたたきつけた原因を〝だったらしい〟つきで紹介し、東宝と「王国」側が「ケンカせんといてくれればいいが」と局では心配顔と伝える。

事実、表面は「ケンカわかれではない」といっているが、東宝と「王国」の一触即発の危険性は十分にあるというのが消息筋の意見だ。まず第一は「王国」側が「東宝を追われた」という悲壮味を売りものにしていること。これがタイミングよろしくジャーナリズムにのったものだから、ファンもだれ一人、それを疑ぐるものがない。佐々十郎や茶川一郎らにとっては大変な痛手で「ほんまに笑いごとではありませんや、わたしらはただ〝笑い〟を区分けするの反対や、といったまでで、個人がそれによって前進することはちっともかまやしまへん。ただ花登はんは自分が東宝にいづろうなったからといって、崑ちゃんらまで巻きぞえをくわし、こんな結果になってしもうたのは、かえすがえすも惜しいなあという気がします」と反発している。そして仲のよかった崑ちゃんや佐々やんたちだったが、ハッキリ立場を異にした今では、スタジオで会っても余り口をきかない。去る二月末の「やりくりアパート」最終回など、いやが応でも同じ番組で顔を合わせなければならない場合は、どちらかが遅れて、本番ギリギリにやってきて放送をすませると、さっさと左右にわかれていった。「まるでかたき同士や」と局ではうわさしている。大阪のテレビ各局は、傍観といった態度だ。

こんな記事を書かれてはいかな花登筐さんでも、新劇団『笑いの王国』の正式な旗揚げ興行となる京都南座の公演を前にして、これ以上摩擦をふやすのは得策ではないと考え、冒頭の「あいさつ文」になったに違いないのだ。

この好機を見逃がさず、松竹は劇団『笑いの王国』を完全にバックアップする体制をつくると共に、舞台にテレビに映画に、大村崑・芦屋雁之助・芦屋小雁をフル活用することになる。生放送のテレビ番組出演の合間をぬって、松竹京都撮影所で『番頭はんと丁稚どん』の映画化がスタート。

実は東宝でも『番頭はんと丁稚どん』の映画化の企画が進んでいて、昭和三十五年二月から宝塚映画でクランクインすることになっていたのだ。

昭和三十四年創刊の『演芸ファン』という大阪発行の寄席・テレビ・ラジオ・芸能の専門誌があって、その三十五年早春号に映画の情報として宝塚映画の「嬢《いと》はん・番頭・丁稚どん」の製作ニュースがのっている。脚本　蓮池義雄・藤本義一、監督　竹前重吉、キャスト　佐原健二、白川由美、環三千世、大村崑、茶川一郎、芦屋雁之助、芦屋小雁、森川信、有島一郎、高島忠夫。

『演芸ファン』第８号

宝塚映画では昭和三十四年に『やりくりアパート』を脚本　内海一晃・倉田順介、監督竹前重吉で二本製作していて、キャストも上置きに有島一郎、益田喜頓を配し、佐々十郎、茶川一郎、大村崑のレギュラーが出演しているから、テレビで人気のある『番頭はんと丁稚どん』もそのラインの企画として進行していたのだろうが、四月に上映された時には『爆笑嬢《いと》はん日記』とタイトルがかわり、薬種問屋の嬢はんの縁談騒動が中心のストーリィになり、主演の佐原健二と環三千世を残してキャストも大幅に変っている。『笑いの王国』騒動の影響をモロにうけた作品だったに違いない。

一方、五月に封切られた松竹映画の『番頭はんと丁稚どん』は、テレビでは描ききれない崑松の生い立ちから、田舎の知恵遅れの少年が大阪へ丁稚奉公にやってくるいきさつもきちんとみせて、花登筐が狙ったであろう笑いの中にペーソスあふれた映画に仕上って大ヒットし、八月には続篇が破格のカラー作品で封切られ、『続々番頭はんと丁稚どん』は正月映画として制作されるという松竹映画の弗箱《ドル》シリーズになったのだ。

メンバーは八本のテレビのレギュラー番組をこなしつつ、舞台公演は京都南座を五月二十日に打ち上げたあと、五月二十四日から大阪新歌舞伎座が六日間、六月二十七日から大阪産経ホールで六日間、八月は道頓堀の中座公演、そして九月十九日から浅草の国際劇場で『番頭はんと丁稚どん』のテーマ曲つながりのマヒナスターズとの合同公演、飛行機で丁稚どんの扮装で東京入り、オープンカーで浅草まで走るという姿が芸能ニュースや雑誌にグラビアで紹介されるなど、人気はいやが上にも盛り上ったのだ。映画出演は翌昭和三十六年だけでも十本を超え、まさに順風満帆、その年末に発行された『笑いの王国』の機関紙『王国新聞・臨時特別号』に花登筺は、

テレビで生れ、テレビで育った劇団笑いの王国が来年度から常打劇団として舞台活動をすることになりました。

と書いているが、機関紙に紹介されている昭和三十七年のスケジュールをみると、

一月　京都南座、二月　大阪文楽座、三月　京都南座、四月　名古屋御園座、五月　大阪文楽座、六月　北海道巡演、七月　大阪中座、八月　京都南座

となっていて、まさに松竹演劇部の弗箱《ドル》「松竹新喜劇」と並ぶ常打劇団の地位にあることを示している。

さらにその翌年の昭和三十八年八月、『笑いの王国』は大阪中座で「劇団結成五周年記念公演」を上演、そのプログラムの芦屋雁之助の「御挨拶」、

思えば五年間色んな事がありました、劇団内部の不仲説、分裂説諸々……そやけど曲りなりに

もここ迄来させて貰ろたのは一重にファンの皆さまのお蔭やと心より感謝しております。芸能界に劇団は三年持てば五年、五年持てば十年と云うことわざがあります。兎にも角にも五年・十年・二十年と益々皆様の御支援を得て劇団「笑いの王国」を発展させて行きたいと思います。

この雁之助さんの願いも空しくこの中座公演の時、花登筐をして「劇団を解散しよう」と決心させる事件が起るのだ。

『笑いの王国』解散

昭和三十六年十二月十二日、劇団『笑いの王国』は、道頓堀・文楽座の夜の部の公演を「笑いの王国祭り・感謝の夕べ」として、一年前の三月に発足以来、劇団を支援してくれた関係者を招待した。その日のことを私は何も覚えていないが、手許にその招待状と当日配られた『王国新聞・臨時特別号』があるから、出席したに違いない。

招待状には理事長・白井昌夫、理事・秋田実、花登筐、原田秀造、村木昭の連名で「私達劇団笑いの王国も昨年三月結成以来皆々様の暖かい御支援を受けまして順調に育ち来年からは常時舞台公演活動をするまでに至りました」とある。プログラムは、

一　殺陣　駄村　一場
二　やまだし兄弟　四景
三　挨拶

四　抽籤会
五　やりくり三代記　　　　三場
六　新番頭はんと丁稚どん　一幕三場

『笑いの王国』十二月公演の演目『やまだし兄弟』と『やりくり三代記』は朝日テレビの番組、『新番頭はんと丁稚どん』は毎日テレビの番組の舞台化である。

演劇の殿堂が、かつて映画の実演化で客を集めたように、テレビの実演で客を集めるという傾向に演劇評論家の劇評はかんばしいものではなかったが、観客は劇場に押しかけ、たわいもなく笑いころげたのだ。『王国新聞・臨時特別号』には「劇団の歩み」として、劇団発足からこの十二月公演までの二十一カ月・六三〇日に、作・花登筺、出演・笑いの王国で制作した「舞台公演」「映画」「テレビ」「ラジオ」のタイトルがリストアップされている。

舞台公演については、昭和五十八年十月に亡くなられた花登筺さんの全業績が『上方芸能』誌の八三号（昭和五十九年一月）から十回連載され、八四号（昭和五十九年四月）には昭和三十三年から昭和四十年までの公演記録が掲載されているが、映画・テレビ・ラジオについての記録はない。というわけで、『王国新聞・臨時特別号』の「劇団の歩み」の映画・テレビ・ラジオのリストは貴重なのだ。特にテレビ・ラジオは資料の少ない時期なので助かる。

テレビ

朝日放送「やりくり天国」「やりくり三代記」「サンドイッチマン物語」「しぶちん繁盛記」「や

まだし兄弟」「晴姿百度恋模様」「定着液」「よろめき団地」
毎日放送　「番頭はんと丁稚どん」「あ、あの花よいつ開く」「ざんぎり長屋」「お笑い一一〇番」「三等兵物語」「らーめん親子」「かんから親子」「宮本無茶痴」「バスト98」「新番頭はんと丁稚どん」「笑い放題喰い放題」
読売テレビ　「とんま天狗」「崑ちゃん捕物帳」「がたろうの灯」「初恋ぼんぼん」
関西テレビ　「ちゃりんぼ兄弟」「団地親分」「初姿婆さま侍」

ラジオ

毎日放送　「雁ちゃんのお笑いよろず裁判所」「飛び出せ雁ちゃん」「崑ちゃんのなんでも劇場」「雁ちゃんの週刊野次馬」「あほんだら」「ワンツースリラータイム」「即席喜劇俳優」「笑い」
ＮＨＫ　「チンチン電車」「袖付作者」

この中で私が大好きで毎週みていたテレビ番組は『らーめん親子』であった。金曜の夜九時四十五分から放送される十五分番組で、私は会社のデスクで『びっくり捕物帳』のカット割りをしながらみていた。

「らーめん親子」は、中国人の父と子の物語で、アチャラカではなく、小雁君を子供に持った中国人のらーめん屋の、父親の雁之助君のペーソスを含んだドラマで、十五分番組ではあったが、かなり評判が高かった。

「中国ニ、コンナ諺《ことわざ》ガアルナ……」

この雁之助君のセリフは、まるでらーめんにかける胡椒のような効力があり、彼自身も、おそらく主役のその番組に情熱を賭けていたに違いない。

と、花登筐は『私の裏切り裏切られ史』に書いている。そして劇団『笑いの王国』を結成する動機が、この『らーめん親子』の雁之助の演技力を花登筐が認めたことにある、とも書いているのだ。花登筐は、「体当たりでやらねばならぬアチャラカものとお別れして正当コメディーを目指すことに決心した」、それは「ひとつの大きな賭けであった」という。そして花登筐のコメディアン演技論がそれに続く。

コメディアンといっても、二種類ある。俗に称される「突っこみ役」と「ぼけ役」である。(中略)「突っこみ役」は、演技派であるし、そこに到達するまでには、かなりの経験と訓練が必要である。それに反して、「ぼけ役」は、顔や姿を見ただけで面白い先天的な素質を有してはいるが、演技派ではない。大村崑君はその「ぼけ役」で、芦屋雁之助君は「突っこみ役」であった。正当コメディーを目指すには、当然演技力を必要とするが、私の心配は劇団の座長格の大村崑君より雁之助君の方が、はるかに演技派であり、(中略)その演技力を大村崑君に持たせねばならぬと思った。

そう思ってから四年もたたない昭和三十七年八月に花登筐が、三十九年六月には大村崑がと、自分達のために結成した劇団『笑いの王国』を脱退するという事件は、残された劇団員には全く不可解な行動で、本人の認めている通り、大いなる「裏切り」行為であったのだが、この花登筺の演技論を読むと、起るべくして起った事件という気がしてくる。

それにしてもこれだけのテレビ番組を舞台の合間にほとんど生放送でこなしつつ、松竹京都撮影所で映画『番頭はんと丁稚どん』の撮影、昭和三十五年五月封切、八月には『続番頭はんと丁稚どん』が封切。あのころ軽く見られていたテレビ番組の映画化作品なのに早くもカラーで製作されるという力の入れようだった。劇中に『らーめん親子』の屋台のシーンが登場するというサービスがある。

『続々番頭はんと丁稚どん』はプレスシートに「待ってました！　お正月映画に登場するあなたのわたしの丁稚どん！」とある通り、松竹映画昭和三十六年の正月映画の期待を担って撮影中に事故が起きた。十一月二十四日の午後十一時ごろ、芦屋雁之助さんが着物の下に入れていた風船が爆発、上半身火傷で三週間の重傷を負った。小番頭の腹をふくらませたりへこましたりするギャグのために体につけたビニール製の風船に小麦粉と酸素を入れてふくらませていたところ、電気装置が故障、ニクロム線がショートして引火したという事故であった。雁之助さんの出演場面は大半終っていて、作品の仕上りには影響はなかったが、関西のテレビ局は大騒ぎとなった。『やりくり三代記』『しぶちん繁盛記』『とんま天狗』『番頭はんと丁稚どん』『らーめん親子』の五本のレギュラー番組は台本の書きかえで急場をしのぐ。テレビは年内は休演し、十二月二十一日、映画の残ったシーンの撮影のために一カ月ぶりに撮影所に入った雁之助さんが、「きょうは久しぶりのせいかとても疲れました。三日分も働いたような感じです」と言葉少なに語った、という記事が各紙の芸能欄にのっている。

ただ、スタートしたばかりの『笑いの王国』の命運を左右しかねないこの事故について花登筐さんは何もふれていない。

「劇団の歩み」にのっている映画の製作リストは更に続く。

昭和三十六年一月『新二等兵物語・めでたく凱旋の巻』、四月『続々番頭はんと丁稚どん』、六月『秀才はんと鈍才どん』、十月『喜劇・金の実る樹に恋が咲く』『サラリーマン手帳・坊ちゃん社員とぼんぼん社員』封切。

十一月は地方巡業の間をぬって『大当り三代記』と『喜劇・団地親分』の撮影がスタートする。『喜劇・団地親分』は関西テレビで花登筐脚本・演出、『笑いの王国』総出演で放送中の連続コメディの映画化で、関西喜劇人協会が自主製作する二本目の映画として企画された。

松竹京都で『伝七捕物帳』と『二等兵物語』というヒットシリーズを二本持つ伴淳三郎さんが、榎本健一・古川ロッパ・柳家金語楼を頂点に東京で結成された喜劇人協会に対抗して、京都の撮影所で活躍する喜劇人と大阪で舞台・テレビで活躍している喜劇人に声をかけて関西喜劇人協会を結成し、鳴物入りで昭和三十四年に製作したのが『かた破り道中記』。二作目となる『喜劇・団地親分』の製作発表記者会見の記事によれば、伴関西会長は、「第一回の『かた破り道中記』が出演者過剰で失敗した。こんどは登場人物の数より映画のストーリーを中心にしたいと思っている」(デイリースポーツ)と第一作の失敗を認め、『喜劇・団地親分』に賭ける気持を語っているから、原作・脚本に起用された花登筐さんの得意や思うべし。

この映画を喜劇人協会として応援することになり、その会長として記者会見に同席した榎本健一さんは、「喜劇人協会は東京の方が早くからできていながらこういう催しでは関西に追越されっぱなしだ。今回はその差をちぢめる意味で精いっぱいの応援をするが、近く東西をまとめた日本喜劇人協会(年末か年明けに発足の予定)もできるので、この映画をあわせいっそう喜劇の向上につとめてゆくつもりだ」と語っている。

しかし、この映画をきっかけに東西の喜劇人協会をまとめるという大合同のプランは、東西の喜劇人協会のメンバーが三五〇人いることを考えると、五社協定で俳優を拘束してきた映画会社にとって脅威であったはずである。そこで伴淳三郎さんはこの榎本健一さんの発言をうけて、「松竹のあと、東宝さん、大映さんにも企画を持ちこんで喜劇映画を作っていただきます」と頭をさげる名プロデューサーぶりを発揮していることも記事になっている。

東宝・松竹が激しく対立する演劇の世界で、東宝を飛び出して松竹にという離れ業をみせた花登筺さんにとって、この映画はいろんな意味をもつ作品だったと思うのだが、これについても『私の裏切り裏切られ史』では何もふれていない。

〝順風満帆〟という表現そのままの『笑いの王国』は、昭和三十八年八月、道頓堀の中座で「劇団結成五周年」記念公演を迎える。『私の裏切り裏切られ史』によると、〝いつしか、劇団「笑いの王国」の座長格は、芦屋雁之助君となりつつあった。「これではいけない」〟と思った花登筺は、〝大村崑君の味方にならざるを得なかった。だれよりももっとも彼をかわいがっていたのは、初舞台から主役に使ってきた産婆役の私だったからである。〟その大村崑のために書いたのが『土性っ骨』——明治・大正・昭和篇の三幕十三場の大作で、後にテレビで本郷功次郎主演で大ヒットした

『船場』や志垣太郎主演の昼の帯ドラマ『あかんたれ』にと〝内容を変えながらも続いていった作品の原形であった。プログラムに花登筐は〝「土性っ骨」は五周年を記念して五年間の成長した王国の結集篇ともいうべき作品〟であるとし、こう続けている。

通常私は、一〜二日に一本の戯曲を書いているが、この作品には十日を要した。そしてこのドラマは私が船場に働いていた頃、べつの代名詞「おい！　てかけの子」をテーマに書いたのである。商人は妾を持つのは男の甲斐性だが、その妾の子供が、何故軽べつの代用詞となるのであろうか。そこに過酷な船場の家族制度が存在する。そしてその船場の家族制度は、最も封建色の濃いと云われている近江商人の家憲でもあるのである。私はこうした妾の子を、生まれてから五十年、どう云う生き方をしたか、描いて見たかったのである。この作品が、笑いの王国に、よりよい贈り物となることを祈っている。
その妾の子が大村崑君で、実子の「阿呆ぼん」と称される救いのない本妻の子の役を、私はあえて雁之助君に配役したのは、彼が「番頭はんと丁稚どん」で、すでに悪役の演技を積んでいたからである。（『私の裏切り裏切られ史』）

『土性っ骨』は大成功、妾の子を演じる大村崑には〝拍手、また拍手の連続〟、「阿呆ぼん」の芦屋雁之助には〝憎しみの目しか与えられず、観客席からは「死ね！」という野次さえ聞こえた。〟開演後、一週間ほどたったころから〝雁之助君の演技が急に投げやりになってきだした。「スッピンで出てます」との報告を舞台監督から受けた〟。

花登筐は激怒した。〝彼の部屋へ怒鳴り込みに行こうとした〟が止められた。怒りはおさまらず舞台事務所の横の壁に貼り紙をした。

「舞台稽古のとおりに芝居をやること。だれとはいわぬが、化粧もせず舞台へ出演する不心得者がいる。絶対に許せない」

大村崑さんがこの日のことを芦屋小雁さんと私の「特別鼎談」（本書巻末）で語ってくれた。

大村　脱線、好きな人やねん、雁ちゃんは。ところが花登さんは大嫌い。そのあくる日、中座の楽屋口を上がったとこに「舞台はまじめにやれ、台本どおりに言え、花登」って貼紙してあんねん。そしたら小雁ちゃん顔色変えてね。いきなりその紙ぱっととって丸めた。「さ、さすが、俺もできへんことを、おぬし、やるな」思うたわ。

小雁　僕、花登さんに直談判や。表出ろ、決着つけようや言うて。「これを、雁之助本人の目の前で言えーっ！」。

花登筐はこの小雁の言葉に愕然とした。

その時、私は小雁君に対して怒鳴りつけたか、無言でいたかも覚えていない。それほど私にとっては、小雁君のその時の抗議は、狂っているのではないかと思うほど激しかったのだ。（中略）ただ、その直後、大村崑君が、「血はきたないもんです」と、呟いた言葉だけは忘れられない。ふだんは仲のよさそうに見えない彼ら兄弟が、いざとなれば結束する。兄弟という血がそうさせているのだ、といいたかったのであろう。(『私の裏切り裏切られ史』)
そして花登筐はこの時「劇団を解散しよう」と決心したのだ。
彼らのためを思い、彼らの借金まで背負いこみ、なんでこんな思いをせねばならぬのか——。それが、その時の偽らざる心境であった。(『私の裏切り裏切られ史』)
こうして、劇団『笑いの王国』は解散した。芦屋雁之助、小雁、そして雁平の三兄弟は劇団『喜劇座』を結成することになるのだ。

松竹芸能・勝忠男社長

花登筐さんと私が新聞紙上で対談したことが一度だけある。昭和四十二年一月四日付の『東京新聞』のラジオ・テレビ版を一頁まるまる使って「上方のお笑い売ります」の大見出しだから大きな反響があった。

「てなもんや三度笠」(制作ABC、東京での放送はTBS、日曜・午後6時)「いとはんと丁稚どん」(同、月曜・午後7時)など関西のお笑いが全国の茶の間に爆笑の渦を巻き起こしている。この人気の秘密はどこにあるのか。以下は、大活躍の喜劇メーカー、作家・演出家の花登筐(写真右)ABCテレビ・ディレクター沢田隆治(同左)両氏の、お笑いづくりの裏話である。花登

対談での澤田と花登

氏は笑いとペーソスの「いとはんと丁稚どん」でブームをつくり、沢田氏はスピード感あるドライな切れ味で「てなもんや三度笠」の高視聴率をくずさず、いずれもブラウン管をとおしての関西喜劇のチャンピオンだ。

と二人を紹介している。

この対談は昭和四十一年の年末に行われたものだが、この頃、花登筐さんがどういう状況にあったかといえば、昭和三十九年六月、自らつくりあげた『笑いの王国』を大村崑と脱退したあと、松竹新喜劇や松竹家庭劇のために毎月一本は脚本を書き、三波春夫公演、大江美智子公演、新国劇公演、「雲の上団五郎一座」の脚本・演出も引き受けている。本人が書いている通り、三十代の花登筐は「怖いもの知らずで、一カ月七本や八本の舞台脚本を書いていた」のだ。

松竹新喜劇の渋谷天外と花登筐をつないだのは、松竹芸能の勝忠男社長で『笑いの王国』を結成した直後だという。
花登さんにとって勝忠男社長は、東宝を辞めてからの劇作家活動で〝欠かせ得ない人〟で〝恩人の一人〟であった。ラジオ・テレビでお笑い番組を担当していた私にとっても勝忠男さんは大きな存在で、幾度となく叱られ、その何倍も目をかけていただき、ある時期は勝社長の許で働き、そのことが私を東京でテレビの仕事をさせるきっかけとなったのだから、私の人生にも大きな影響を与えた人である。

その勝社長が花登筐に渋谷天外を紹介したのは中座の楽屋口の向かいの料亭「まつ本」で、その時天外に「大阪に喜劇を書くもんがあんた以外におらんのや。何とか、ほんまもんの喜劇を書いてんか」といわれて「松竹新喜劇」の脚本を書くようになる。それから四年たって『笑いの王国』から大村崑と共に抜けた花登筐は、育ててくれた東宝を〝裏切って〟松竹に走り、『笑いの王国』を作ったにもかかわらず、のちにその松竹も〝裏切った〟のだが、勝忠男はその花登筐に仕事の場を与えることが出来るとんでもない存在だったのだ。

とはいえ『笑いの王国』脱退後は、さすがに舞台の公演数は減っている。テレビも同様で、昭和四十年は、よみうりテレビの『009大あばれとんま天狗』と朝日テレビの『いとはんと丁稚どん』だけがレギュラー番組という寂しさ。

ところが四十年になって花登筐さんは今東光さんのすすめもあって『アサヒ芸能』に連載小説を書きはじめる。「銭牝《ぜにめす》」である。この小説の舞台が私が勤務していた大阪の堂島にあったころの朝日放送のテレビ社屋のすぐ近くのキタ新地で、当時、最高級クラブを経営して〝夜の女王〟といわれた池口麗子さんをモデルにしたこともあって、大阪の夜の世界では毎週評判になった小説であった。花登筐さんは、この「銭牝」と同じころ『週刊実話』に「土性っ骨」を連載し、これが花登筐の作家生活の後半を支配した根性ドラマの最初の原作になった。

『私の裏切り裏切られ史』によれば、別の作家に脚色されてテレビドラマになった『土性っ骨』はとても納得できる作品ではなく「これは船場ではない……」とプロデューサーに何度もクレームをつけた。放送時間になると、「五分間も見ていられず、飲んでいた酒のグラスをブラウン管に叩きつけたことが何度あったことか」と激しい怒りをぶつけ、「やはり自分で「船場」ものを書かねばならぬと思った」と根性ドラマに手を染めたきっかけを書いている。『土性っ骨』が関西テレビで放送されたのは昭和四十一年の九月からその年一杯だったから、私との対談が行われた四十一年の年末は、花登筐さんが自分で書かねばと決意を固めていた時期だったことになる。その思いが『船場』という人気ドラマとして実現するのは翌四十二年の四月からで、対談に臨んだ花登筐さんの頭の中は、大村崑と共に花登コメディをどう展開していったらいいかでいっぱいだったに違いない。いま読み返すと随所にそれが感じられるのだ。

かたや昭和四十一年の私はといえば、六年目に入った『スチャラカ社員』と五年目の『てなもんや三度笠』を毎週ＡＢＣホールで公開録画しつつ、松竹映画で『スチャラカ社員』の映画化がきまり、東宝映画でも『てなもんや三度笠』をオールスターキャストで映画化する『てなもんや東海道』が決定、アイデア会議に参加している。その上に四十二年一月から放送がスタートする新番組『マイチャンネル』のキャスティングやはじめてコンビを組む塚田茂さんとの台本づくりが佳境に入っていたころに、花登筐さんと私の対談の企画が東京新聞から持ちこまれて実現したということもあって、私はかなり気負って対談に臨んでいたに違いない。

沢田　おめでとうございます。一度〝対談〟の機会を得たいと思っていたんですよ。

花登　光栄やね。おたがい多忙すぎますね。

沢田　まず、花登コメディーで幕をあけましょうか。「番頭はんと丁稚どん」は三十四、五年ごろブームを作りましたね。

花登　そう。毎日テレビが開局したばかりで、スタジオが無くて劇場からの公開番組にしたんですよ。ちょっと前に北野劇場が最後のショーをしてね。その中に〝でっちもの〟があって大村崑や茶川一郎が出ていた。それを生かしたんですよ。沢田さんも同じじゃと思うけど、アテようと思ってアタルものじゃないし——受けると思わなかった。

沢田　花登さんが苦労したのはむしろその前の「やりくりアパート」じゃあないですか。佐々十郎、大村崑という新しいコメディアンを作りだしたわけだし——。ぼくはあの番組のＡＤ（演出助手）をしていた。とにかく、大阪になかった軽演劇をテレビで誕生させた花登さんの功績は大きい。

花登　「番頭はん」は、公開番組にしたのが成功した。開局当時だから見学者がすごくて、見ていてゲラゲラ笑ってくれる。役者の熱意も違いますね。「スチャラカ社員」も「てなもんや」も公開で成功している。

このあと『てなもんや三度笠』と『やりくりアパート』のタレント起用のいきさつや演出について語りあって、花登筐さんは「沢田さんは新しい時代の喜劇づくりをしている。われわれはもう固定してしまって、なかなか変えられない」と弱気な発言をしている。その時には気がつかなかった私は、自分の思いをガンガン喋っている。

沢田　ＪＯＢＫのラジオ時代にアチャコたちが古い大阪弁を広める役割りをした。そのあと花登さんのシャベリのテンポのある喜劇が登場した。ぼくは何をやったらいいのか花登コメディーをずいぶん研究しましたね。ぼくは漫才を担当していたから大阪弁の限界ということを考えていた。歴史的にみると、ひとりで語る落語は客に空想の余地を与えた。漫才は空想の余地を減らして会話を広げた。これをさらに広げようとすればトリオか芝居しかない。そして、花登さんは軽演劇を取り入れたからぼくは色物（漫才、曲芸など）からはいった芝居を、と考えた。花登さんは、軽演劇を取り入れて「やりくり」は集団芝居、「番頭はん」には階級意識を入れた。ぼくの「スチャラカ」と「てなもんや」は漫才芝居というか立体漫才でしょうね。

花登　それが成功したね。ぼくらのものはあきられてきて、一時ブランクができて芝居へ逃避したんですよ。それで笑いの王国（崑・雁之助らの劇団）を作った。こんどは逆に挑戦するわけだが「スチャラカ」はわれわれ軽演劇のやり方ではできない。

沢田　ぼくに残された課題は花登的ペーソスを漫才的基調でなんとか処理できないか、ということですね。

この「ぼくに残された課題」なるものを私はいまだに果たせずに、五十年たったいまでも漫才的基調〝ボケとツッコミ〟で笑わせることから抜け出せないでいる。

このあと花登筐さんと私の対談は、このころはまだメジャーとはいえなかった吉本興業についてふれている。

花登 コメディアンはテレビだけでは絶対生まれない。客の前へじかにほうり出さねばダメですよ。崑たちも北野劇場へ出ていたし、いまの関西では花紀京がそのケースの最後かな。もっとも最近、吉本新喜劇ができたので心強い。

沢田 いまのところ大阪のローカル範囲だけれど吉本は舞台とテレビの両方で働いている。そしてこわい指導者がいないから自由にかみ合わせができる。

花登 藤山寛美は劇団がもっとあってもいい、といっているし、（藤田）まことは新人タレントが出てもいいといっているが、関西喜劇の次代をになうタレントは吉本道場から出てくれると思うね。客とじかにふれることができるのは、ここしかないからだ。

沢田 そうですね。新人出でよ、ですね。

吉本興業が大阪を代表する笑いの集団として認められるのは昭和四十五年の大阪万博のあと、笑福亭仁鶴・桂三枝・月亭可朝の「吉本三羽がらす」に横山やすし・西川きよし、コメディＮＯ・１と若いパワーが出揃って大阪のメディアで大活躍したころで、昭和四十二年の正月の対談で〝吉本新喜劇〟に注目しているのはかなり先見性があったと思う。

花登筐さんは昭和三十四年三月、吉本興業が映画館を改装して演芸場「うめだ花月」をオープンし笑いの世界へ復帰した時から吉本興業とは深く関わっていた。花登筐・佐々十郎・大村崑・芦屋小雁を育てた北野劇場が三十四年一月いっぱいで閉鎖することがきまったので、花登筐は吉本興業とかけあって、佐々十郎、大村崑、藤田まこと、芦屋雁之助・小雁・雁平三兄弟を売りこんだ。そのせいもあって「うめだ花月」のこけら落としの目玉であった花菱アチャコ主演の『アチャコの迷月赤城山』は、作・演出花登筐。佐々十郎、大村崑、芦屋小雁、中山千夏が共演するという豪華版であった。

この花登筐さんのピンチを救ったうめだ花月の出演のいきさつについては『私の裏切り裏切られ史』には全くふれられていない。北野劇場の閉鎖についてはは書いているのに、である。

大村崑さんの最初の思い出話である大阪新聞の「幕のうちそと」（昭和四十一年九月より連載）によれば、花登先生から「一度、吉本の重役と会ってくれ、話を聞くだけでええから」といわれ、大村崑、芦屋雁之助・小雁の三人で吉本興業の橋本鐵彦専務と会った。「ぜひ吉本の専属になってくれ」と話が進むうち、突然三人の前のテーブルに三十万円の札束が三つポンと置かれたという。「ボクは無造作にその一束を受け取って、内ポケットの中に入れた」。

このあと佐々十郎と茶川一郎がコマ劇場が作った大宝《たいほう》芸能と契約していることを知ったという。

これがあの花登門下ともいうべき強力なコメディアン達が分裂した真相なのだろうか、そのころまだテレビのディレクターでしかなかった私などにはうかがい知ることのできない世界の出来事であった。

第五章

雁之助と『喜劇座』

『笑いの王国』から『喜劇座』へ

劇団『喜劇座』が結成されたのは、昭和三十九年九月、旗揚げ公演は道頓堀の中座であった。その一年前の昭和三十八年八月、中座での劇団『笑いの王国』の劇団結成五周年の記念公演中に事件が起り、花登筐は「劇団を解散しよう」と決心した、と『私の裏切り裏切られ史』に書いたが、劇団『笑いの王国』の劇団活動が劇団『喜劇座』に引き継がれるのは一年後のことである。

この間の事情はいまとなってはよくわからない。花登筐さんは昭和三十七年八月公演をもって劇団『笑いの王国』を退いているのだから、「解散しよう」と決心するのはいいが、解散させることは出来ないのだ。事実、劇団は道頓堀の角座の運営をしている松竹新演芸と合併、勝忠男社長が花登筐に代ってプロデュースをすることになる。『上方芸能』八四号の「花登筐の全業績・公演記録」の昭和三十七年八月の特記事項として、

劇団「笑いの王国」から由美あづさ退団。花登も手を引き、脚本と演出面だけ協力

とあるが、昭和三十八年、三十九年の公演にも由美あづさは出演し、劇団員の連名の止めの扱いであるから〝退団〟の内容がよくわからない。花登筐の仕事については、年表によれば、昭和三十八

年九月以降は松竹新喜劇や松竹家庭劇の脚本を毎月のように書いているが、『笑いの王国』には関わっていないように思える。

ところが、昭和三十八年三月の『笑いの王国』南座公演のプログラムを見て驚いた。昼夜六本の演目のうち四本を花登筐が作・演出を担当しているのだ。

しかも、そのプログラムに「笑いの王国と私」と題して花登筐がそのいきさつを書いている。

私が笑いの王国を退いてから、三ケ月、そして今度が初公演である。確か、笑いの王国が旗挙公演をしたのも、一昨々年の南座が最初であった。私にとってはいろいろと意義深いものがある。そしてその三年の間、私は笑いの王国に色々な芝居を書いて来た。数にして五〇本はあろうか。そしていつの間にか、笑いの王国即私の作品カラーになってしまった。これではいけない、もっと役者諸君に、違った作者の作品も勉強して貰わねば、発展がないし、私自身も、他の劇団の作品を書いて異質な自分の成長を計りたい、そう思って劇団を退いたのが去年の年末、そしてその初公演に、四本もの作品を又書かせられることになった。これならば、退いても一緒じゃないかとの御言葉も聞くと思うが、命ぜられた以上は、いい作品を演らざるを得ない。

命じたのはこのころから花登筐さんと深く関わることになった勝忠男氏に違いない。

〝笑いの王国を退いてから、三ケ月〟〝劇団を退いたのが去年の年末〟とあるから、花登筐が〝手を引いた〟のは、十月十二日から十八日までの南座公演で『淀川の灯・がたろ』『番頭はんと丁稚どん』『女性白書』を上演したあとのことになるのだろうか。

再び『笑いの王国』の公演に関わることになった花登筐は、カラーを変えた四本の芝居を書いた。

『時効』は〝一代もの〟の芝居臭をとった新しい現代劇を、時効を待つ強盗犯を芦屋雁之助、犯人を追う雑誌記者を大村崑で。

『花の渡し舟』はドタバタ喜劇にプラスする何かを入れたいと芦屋雁之助の浪曲を狂言廻しに渡し舟を守るお婆さん・大村崑と有料橋を作ろうとする土建屋の親方・雁之助との対立を描く浪曲入人情喜劇。

『舞台裏物語　もやし』は役者の付き人の物語をミュージカル風の演出でコメディアンにショウダンスを踊らせる。

『おばんは花盛り』は崑・雁之助・小雁をオバンにしたてた従来通りの上方喜劇。

どれが一番この笑いの王国に適した芝居かと云うことは、私にはまだ分らない。この劇団のコメディアンは、芝居もやれる、ドタバタも結構、唄も唄えると云った人達の集りであるからだ。だがいずれは劇団のカラーをはっきり打ち出さねばならない。今日はその試金石である。私はこの作品にかかる前に座長である崑ちゃんに云った。「今後の笑いの王国のカラーをこの作品の中から選びなさい。」と。又私もそれに従って今後も笑いの王国用の作品を書いて行くつもりである。（「南座公演プログラム」）

再び劇団『笑いの王国』のために作品を書いた花登筐のなみなみならぬ決意がプログラムに書いた作者の言葉から読みとれる。このころの劇団内で起っていた問題を、花登筐は『私の裏切り裏切

られ史』に思い出すままにいろいろ書いているが、座長である大村崑さんが大阪新聞の「幕のうち
そと」に「ぼくは初めてでっせ、自分のことを自分で書くのは」と書いた最初の自叙伝から、その
ころの劇団の状態にふれた部分を紹介しよう。連載二十四回目である。
最初四人でスタートした劇団は、百名近くなった。
そうなると口うるさい連中もふえて来た。中には音頭をとって雁ちゃんとボクの仲が悪いとい
いふらす者も出て来た。とうとう新聞にまで「崑ちゃん雁之助とけんか中」なんて記事が出だし、
いつも二人で「こんなに仲が良いのに、イヌとサルのように書かれるとは困ったものだ」といっ
てた。そうしている内に、花登先生が劇団から抜けてフリーになられた。親バトに逃げられた子
バトは、なんとかうまくやっていこうと努力した。
けど統率力に欠けるボクが、劇団を引っ張って行くことは大変むずかしい事だった。精神的に
も肉体的にも疲れた。渋谷天外先生に相談に行き、(結成の時、大変お世話になった)退団届け
を書いた。劇団事務所(松竹関西支社内)を出たボクは新えびす橋の上で考えた。これからどう
して行こう。もしかすると役者を止めないかんかも知れん。どうして妻子を食わして行こう。ボ
クに出来ることといえば芝居と車の運転くらい。「そうだ、タクシーの運転手になろうか」――。

そこまで追いつめられるものかと思う、そして、
昭和三十八年三月二十九日「笑いの王国」をやめてフリーとなった。今まで東宝、吉本、松竹

さんのお世話になってきたボクは、このへんで一人で自分の好きな仕事を思い切りやってみようと思った。

いまも続く「こんプロダクション」の誕生である。

この「幕のうちそと」は昭和四十一年に書かれたものだから記憶違いなどあるわけはないと思うのが普通だが、大村崑さんが昭和三十八年三月二十九日に劇団をやめてフリーになったということになると、昭和三十八年八月の中座で、花登筐と芦屋雁之助・小雁の間で起った問題の時に大村崑はいなかったことになるが、そんなことはありえない。なんとなく当事者の記憶では、この事件の印象が強く、この公演のあと花登筐・大村崑が『笑いの王国』から脱退して劇団『喜劇座』が誕生したということになっているが、資料によれば、昭和三十八年十一月には南座公演、十二月の東京の明治座での「東西爆笑競演」は花登筐の作・演出で劇団『笑いの王国』の劇団員は揃って出演しているし、昭和三十九年一月は道頓堀の朝日座でミヤコ蝶々・南都雄二、中田ダイマル・ラケットと共演、三月は京都南座で劇団『笑いの王国』公演と続く。花登筐はそのプログラムに書いた「公演にあたって」で、

去年の十二月、笑いの王国の三人の侍、大村崑、芦屋雁之助・芦屋小雁に加えて、佐々十郎、三浦策郎などの上方のコメディアンが明治座へ出演して、都民の目を見張らした。「コメディアンが芝居が出来る」と言うことである。

と東京での成功を具体的に書き、それをうけて「今年は作者の私も勉強したい」、そんな気持で今月の芝居は「大阪でやった作品の不足を補充して新しくまとまった作品」に仕上げる。「遊んで居られない年、私は上方コメディアンの人たちと共に、今年は、もう一度新しい喜劇づくりをして見ようと思っている」と決意を表明し、とても解散しようと思っている人の文章ではないのだ。

ところが五月の朝日座公演のプログラムに大村崑さんのあいさつがのっていて、

皆さん、大村崑です。

大変ご迷惑かけて相すみません。

今度私は一身上の都合で、笑いの王国を退くことになりました。

けれど、雁ちゃんや小雁ちゃん、それに今日まで一緒にやって来た笑いの王国の皆さんのことは忘れません、そして今後も、一緒に仕事をして行きます。

そうした意味での、今度の久し振りの朝日座の舞台です。思い切り、やって見たいと思います。

どうか、御期待下さいますよう。私はどこにいても、大阪喜劇の一員として働きます。


「花登筐の全業績・公演記録」には昭和三十九年の特記事項として、

六月　劇団「笑いの王国」から大村崑が脱退、フリーとなり花登と行動を共にする。
九月　劇団「笑いの王国」解散。

と書かれている。大村崑退団は公式には五月の公演の終了後だが、その公演のプログラムに「退くことになりました」と本人の挨拶がのっているのだから、もっと前に知られていたと考えていいだろう。なかなかみつからなかった喜劇座の「誕生第一回公演」のプログラムがやっと手に入り、大阪新夕刊新聞の演劇担当記者・上田善次《よしつぐ》さんが寄稿した主演俳優プロフィールの中に『笑いの王国』の解散にふれたところがあった。

三十五年三月の旗上げ公演以来、なじまれてきた劇団『笑いの王国』は、大村崑がこの二月の南座公演を最後に脱退したことでバランスを失って、事実上解散することになった。

〝二月の南座〟とあるのは三月の間違いか誤植だろうが、少なくとも五月の最後の公演の前に大村崑の脱退はマスコミには知れわたっていたということだろう。

ということは、大村崑さんが「幕のうちそと」で書いた〝昭和三十八年三月二十九日「笑いの王国」をやめてフリーとなった〟というのは、三月の南座公演終了後の〝昭和三十九年〟の誤植だということか。

劇団『笑いの王国』の結成の時から参加している芦屋雁平さんに、このゴタゴタのことをたずねたが、雁平さんは芦屋三兄弟としていつもみられているが、劇団では兄の雁之助・小雁とは違う立場におかれていたこともあって、一劇団員として遠慮がちな生き方をしていたので、「あまり知りません」とおっしゃる。それでも大事に保存しているデビューからの資料は全てみせて下さった。私は雁平さんの〝軽さ〟が大好きで、『てなもんや三度笠』に出演してもらった時には、思い切り動いてもらって笑いをとるコメディアンとして重宝したものだ。雁之助・小雁兄弟による劇団『喜劇座』誕生の時に印象に残ったことをたずねた。

「崑さんがやめるときまった時、花登先生が劇団員を一人一人、空いた楽屋へ呼んで、自分についてくるか、雁之助についていくか迫ったんです。もともとつながってる人の態度ははっきりしてましたが、残りはみんな雁之助を選んだんです。ボクには声はかかりませんでした」と笑った。こうして考えると、三月の南座で去就の全てがきまり、花登先生についていくことを表明した大村崑座長のもとでの五月公演の十一日間の楽屋の空気を考えると、プログラムにのっている見覚えのある劇団員の写真をみるだけでもつらいのだ。

劇団『喜劇座』は、若い座員二十数名をひきつれて座長となった芦屋雁之助のもと、九月道頓堀中座で旗揚げ公演、十月京都・南座、十二月道頓堀・朝日座、明けて一月朝日座に応援出演、三月中座、四月名古屋・名鉄ホール、五月南座、六月朝日座、八月名古屋・御園座、と一年間に四十本の作品を上演し、九月中座で一周年を迎える劇団に成長したのだ。

『喜劇座』の人気

昭和三十九年、『笑いの王国』を名実共に支えていた花登筺と大村崑が抜けたあとの劇団を、演劇界の王者たる松竹演劇部としては見捨てるわけにはいかない。芦屋雁之助・小雁・雁平の三兄弟を看板にして、劇団『喜劇座』を結成するという道を選択した。

関西だけで道頓堀の中座、朝日座、京都・南座と三つの劇場を編成する松竹演劇部としては、中座は『松竹新喜劇』の本拠地として年に七カ月は公演、人気劇団とあって、京都・南座でも年二回、東京・新橋演舞場の夏の公演が恒例となっていて二カ月に及ぶこともあるというスケジュールが昭和三十年代後半には固定化していた。

もう一つ、松竹演劇部が抱える劇団『松竹家庭劇』は、昭和三十二年八月、曾我廼家十吾《そがのやじゆうご》を座頭に朝日座を本拠地に旗揚げしたが、昭和三十年代後半には興行不振におちいるという状況にあり、昭和三十五年に結成した『笑いの王国』は、こうしたアナを埋める劇団として機能していたことになるから、人気も高く、花登筺も認める演技力のある芦屋雁之助を中心に据えて新劇団をつくるという選択は、松竹演劇部としては必然であったと思われる。

だが問題がなかったわけではない。新劇団が出演する劇場は用意されているが、『笑いの王国』の脚本の三分の二を書いてきたスーパーマンの花登筺の抜けたあと、劇団公演を続けられるような芝居を誰が書くのか。劇団『笑いの王国』を結成してから花登筺の書く脚本の量は、舞台、テレビ、映画と、常識では考えられないくらいの数であったが、並行して『松竹新喜劇』を筆頭に他の劇団の脚本も書いているのだから、これはもうスーパーマンとしかいいようがない。

花登筺が『松竹新喜劇』の脚本を書くようになったのは、渋谷天外に「大阪に喜劇を書くもんがあんた以外におらんのや。何とか、ほんまもんの喜劇を書いてんか」と直接頼まれたからだと『私の裏切り裏切られ史』に書いている。さらには渋谷天外が名作を書かねばならない心理的重圧と戦うために酒を呑みすぎて脚本が間に合わない時には代作をしたこと、「多い時は、一晩で二本書き上げたこともあった。つまり昼夜四作品、すべて私が書き、そのうちの二本は館直志作として、上演されたのである」。

脚本を書き演出をするだけではない、劇団の主宰者として新聞・雑誌のインタビューも積極的に

『喜劇座』第1回公演プログラム

こなし、夕刊紙にエッセイの連載、そして週刊誌に小説の連載もスタートさせる。

　こんな作家は、これまでもいなかったし、これからも現れないに違いない。もっとも、舞台にテレビ・映画と花登筐が獅子奮迅の働きをした時代とうってかわり、そんな脚本を必要とする場が、いまどんどん減っているから現れようもないが……。

　というわけで、大方の人が抱いた花登筐なしで劇団『喜劇座』がやっていけるのかという心配をよそに、一年たってみると、『喜劇座』は九公演、四十本の作品を上演し、「沈滞ムードの上方喜劇界への刺戟だった」と演劇記者に評価される存在になっていた。

　花登筐の側からみれば花登ワールドのカラーにだんだん合わなくなっていった芦屋雁之助ではあるが、外側からみれば、花登筐の育てた芦屋雁之助と小雁を中心に据えた新劇団が、花登筐なしでどんな芝居をみせてくれるのか、興味のあるところだ。それを知るための第一級資料は『喜劇座』の公演パンフレットと『松竹八十年史』である。

劇団『喜劇座』誕生第一回公演は、昭和三十九年九月三日から二十八日まで。道頓堀の中座のプログラムの扉に「洒落たギャグ・スマートなドタバタ・ちょっぴりホロリ、ほろにがい喜劇です‼」とある。芦屋雁之助・芦屋小雁の連名でのっている初お目見得の「御挨拶」の中で、

振り返って見ますれば、私達「笑いの王国」を作りましてから早や六年の歳月が経ちました。その間、無論私達は頑張りました。ハッスルして来ました。でも、人気劇団「笑いの王国」と云う名におぶさって六年間お客様に甘え過ぎて来たのではないかと云う気がします。そんな事では本当にいい役者にはなれない。本当にいい劇団は生まれない……そう思いました。そこで一つ気分を変える意味に於ても劇団名を変えて、より皆さまに喜ばれる、一層意欲的な劇団を作りたいと思ったのです。
「笑いの王国」が「喜劇座」に生まれ変った様に、私達も一から生まれ変った積りで一生懸命やって行く積りです。

この雁之助・小雁の決意をうけて、劇団バックアップ体制を組んでいる秋田實、渋谷天外、長沖《ながおき》一《まこと》、藤沢桓夫《たけお》、田中幸利よみうりテレビ取締役編成局長、吉田三七雄《みなお》朝日放送取締役編成局長のお祝いの言葉が並ぶ。
『笑いの王国』の旗揚げの時の顧問に長沖一、今東光、渋谷天外、理事に秋田實が名を連ねている

のに比べると、松竹演劇部だけでなく、大阪の演劇に関わる長老達が、花登筐に見捨てられた若い喜劇集団『喜劇座』を引き続き応援してくれているのが感じられるのだ。

その『喜劇座』の顔ぶれだが、芦屋雁之助・小雁・雁平の三兄弟に、由利徹、佐山俊二、川上正夫と東京の喜劇人が参加、話題のタレント、イーデス・ハンソンを味つけに加えている。理事の秋田實が『喜劇座』誕生によせたお祝いの言葉で、

道頓堀の秋の一番の話題は「喜劇座」の誕生である。

顔触れを見ると主宰の雁之助・小雁を始め、佐山俊二、イーデス・ハンソン、由利徹など錚々たるメンバーで、小雁・雁之助を除いてはみな道頓堀への初登場であり、もちろん舞台での顔合せはこれが最初である。

〝初顔合せの座組みで笑える芝居がつくれるのか〟と不安を感じさせるが、芦屋雁之助・小雁が頭の劇団ではこの方法しかなかったのだ。私が『てなもんや三度笠』を藤田まことの主演でスタートさせたのがこの二年前の昭和三十七年だったが、関西で藤田まこととつきあってくれるのは吉本コメディアンだけで、東京の喜劇人をゲストに迎えるしかキャスティングが組めなかったから、『喜劇座』の座組みの苦労が偲ばれる。雁之助・小雁は以後、谷幹一、森川信、南利明、堺駿二、古今亭志ん朝といった東京の喜劇人と競演し、二周年公演の南座では榎本健一を迎え「大先輩の榎本先生と一緒に芝居させて貰うんですから張り切らざるを得ません」と感謝している。

そして旗揚げからの一年に上演された四十本の作品の脚本を書き『喜劇座』を支えた作家を『松

竹八十年史』で調べると、茂木草介　八本、藤本義一　六本、土井行夫《やすお》　五本、尼子成夫《あまこなりお》　四本、中山十戒　二本、残りは東京から来演のゲストを主演にした持込み脚本や、『松竹家庭劇』との合同公演による座付作家の脚本である。

茂木草介、藤本義一、土井行夫は関西のテレビドラマを支える脚本家であり、尼子成夫は数多くのテレビコメディの脚本を書いていた。中山十戒とは芦屋雁之助のペンネームである。『笑いの王国』時代にも芦屋雁之助のアイデアで花登筐が書いた脚本が随分あったという証言はあるが、『笑いの王国』では〝中山十戒〟作という作品はない。京都・南座の「京都旗挙げ公演」では四本目の狂言として、

中山十戒　作　まげもの喜劇「雁四郎一番手柄」八景

が組まれ、深編笠に着流しという旗本窮屈男松平雁四郎を芦屋雁之助が演じている。

昭和四十年九月の中座公演の序幕では、

中山十戒　作　尼子成夫　演出　捕物コメディ「謎の美人屋敷」

主演・谷　幹一　古今亭志ん朝　芦屋雁平

で芦屋雁之助は出演していない。

昭和四十年八月の名古屋・御園座公演の千秋楽に中日新聞のインタビューにこたえて芦屋雁之助は「どないいうたら、ええのか……。劇団員の意気とチーム・ワークのよさが、ここまでの成果をあげたという以外ありまへんな」としみじみ語ったという。

「なんせ、全員で二十六人。平均二十五、六歳の一座だす。若さでガムシャラにぶつかっていく

よりほかおまへん。劇団のカラーづくりなんてまだまだ」と控え目。だが、活動方針となるとまことに活発、茂木草介、藤本義一、土井行夫氏らのブレーンと毎月一回の会合を持ち、舞台での〝ムダ討ち〟をなるべく防ごうという手堅さもみせる。それと話し合いムード。劇団員とのディスカッションはもちろん、公演の都度に迎える客演者とも得心のいくまでやり、幕を開ける。その努力が実ってか、赤字だった第一回公演以外、あとは全部黒字と営業成績もいたって快調だ。

よくあるPR記事ではない。昭和四十年、関西の演劇界は、十吾・天外が病気がちで休演が多く、ついに九月、南座で天外が倒れる。テコ入れ策としてミヤコ蝶々・南都雄二が『松竹新喜劇』に加入するが、昭和四十一年四月、藤山寛美除籍という関西演劇界をゆるがす激震が起り、『喜劇座』の存在はますます重要になっていく。

そして昭和四十一年三月、南座公演で芦屋雁之助は「裸の大将」と運命的な出会いをすることになる。

藤本義一が山下清との出会いについて語っている。

出会いは、昭和四十一年に「裸の大将」が舞台化されるときです。清さんの戯曲を書くということを、僕はその一年ほど前に決めたのかな。最初に会ったのは、舞台の始まる半年ほど前かな。だから昭和四十年の夏をすぎたころじゃなかったですかね。はじめは、弟の辰造さんといっしょだったかな。弟さんがマネージャーみたいなことをなさってて。

記者会見でもいっしょやったね。京都の南座のうえに関西のプレスが集まって。僕がずっと清さんの通訳みたいなことをやってたんです。

芦屋雁之助は藤本義一と伊丹空港に到着する山下清を迎えに行き、初めて会った。雁之助の本名は西部清、同じ清同士で初対面から意気投合した。

山下清は南座公演の『放浪の天才・裸の大将』の舞台稽古にも立ち合った。

「あそこにも山下清がいて、ここにも山下清がいる」とおかしがった。舞台でふんどし姿で演じている雁之助に「お巡りさんにおこられるので、僕はパンツはいていた」とダメがでたという。

芦屋雁之助にとって、山下清を演じる時にどうしても超えなければならないもう一つの山下清像があった。小林桂樹の山下清である。

昭和三十三年に封切られた東宝映画『裸の大将』で、小林桂樹は山下清を演じて新しい境地を開く演技をして大絶賛され、毎日映画コンクールで主演男優賞を受賞するなど高い評価を得た。芦屋雁之助が舞台で山下清を演じることになった時、映画が封切られてからかなりたっていたが、人々の印象の中に強烈に小林桂樹の山下清像が残っているのを知って、役づくりにいろんな工夫をした。清がおむすびが大好きというキャラクターは、自身の旅回りの役者時代、お金がなくてよそのうちへいっておむすびをもらって食いつないだという実体験と重ねあわせてふくらんでいったものだし、雁之助の清が長々と喋って「終わり」と自分でしめくくるおなじみのフレーズもこの時の工夫であった。そんな工夫を毎日の舞台でトライし、観客の共感を確認しつつ、それを一つ一つ身につけた雁之助演ずる裸の大将・山下清は、南座の初演以後十年以上にわたって全国で上演される当り役の一つになっていた。雁之助が山下清を演《や》れるのは自分しかいないと言い切れるのは、舞台で数多く演じて観客の感動をじかに感じ、肌にしみこませているからにほかならないのだ。

昭和四十一年九月二日、『喜劇座』は南座で、〝劇団結成二周年記念公演〟を、ゲストに榎本健一、南利明、楠トシエを迎え、華やかに開幕した。

昼の部は、土井行夫作・演出『女座長と大根役者』、楠トシエの主演。茂木草介作・演出『踏切の目』は芦屋雁之助・小雁で、トリ狂言は、エノケン原案・監修の『坂本竜馬』全六景で、坂本竜馬・榎本健一、近藤勇・芦屋雁之助、桂小五郎・南利明、月形半平太・芦屋小雁という配役。夜の部は、中山十戒作『ドンゴな子』、芦屋小雁の芝居で雁之助・雁平と三兄弟の演目、『落鮎物語』は藤本義一作・山本禎男演出で芦屋雁之助の芝居、トリ狂言はエノケン原案・監修の『孫悟空』全八景で、榎本健一の孫悟空、芦屋雁之助の猪八戒、南利明の沙悟浄、三蔵法師は芦屋雁平、芦屋小雁は牛魔王という配役。脱疽で右足切断後はじめての立ち姿の榎本健一が注目の的で新聞がこぞって取材、「一時は喜劇王国をうたわれた関西も、いまは『松竹新喜劇』とこの『喜劇座』だけ。雁之助・小雁らも大ハッスルして関東勢を向うにまわして大活躍の巻」と書かれる好調さだった。

『喜劇座』劇団結成２周年プログラム

その『喜劇座』が、三年後の昭和四十四年七月三十一日限りをもって解散することになるのだ。

『喜劇座』の解散

昭和四十四年七月三十一日、吉本新喜劇を退団し中座初出演の白木みのる座長が話題の八月公演『おたのしみ劇場』で、前狂言、芦屋雁平が主演する『どっこい想話』の脚本を書き演出をする芦屋雁之助の楽屋に、大阪の新聞各紙の芸能記者が集まった。劇団『喜劇座』が七月三十一日付で解散するという通知があったからだ。

芦屋雁平さんがスクラップしている解散を伝える記事には、「雁之助ら夢空しく」の見出しで、

喜劇といえば大阪が本場のようにいわれていたが、七月三十一日を限りとして、その大阪から喜劇の灯が一つ消えた。有限会社「笑いの王国」を基盤とした芦屋雁之助・芦屋小雁・芦屋雁平らの劇団「喜劇座」がそれ。

と解散を伝え、その背景として、

第一回公演は一応の成績をおさめ、松竹翼下の劇団としてその後に期待を寄せられていた。しかし、三年ほど前から関西の〝お笑いブーム〟の衰退とスター不足がかさなって業績は不振つづき、この結果、一昨年九月から自主公演はなく、劇団そのものは有名無実の存在となっていた。そこでやむなく今回の解散となったもの。

〝一昨年九月の公演〟とは、昭和四十二年九月の東京・明治座での『喜劇座・明治座合同特別公演』で、これを最後に二年近くの間〝喜劇座公演〟はなく、芦屋雁之助さんは「約二年間も自主公演が打てなかった以上、劇団そのものの存在の意味がない。なんらかの形でケリをつける必要にせまられていたわけで、一応解散することにした。だが、できることならもう一度、劇団として再出発したい」とインタビューに答えている。

こうなった原因として、「①企画の貧弱　②タレント不足　③ホームグラウンドを持っていなかったことがあげられる。とくに親会社の松竹にしても、同劇団に対しては、営業面、興行面その他に積極性を欠いていたようで、公演スケジュールにしても穴うめ的に使われていた」

別の記事にも、「喜劇座が解散に追いつめられたのは企画面の弱さ、タレント（とくに女優）不足からくる不人気による経営不振が最大の要因だが、その背景には松竹の演劇スケジュールの穴埋め的興行として使われたことも見逃がせない」と解散の理由として同じようなことが挙げられているのをみると、松竹側の発表に、こうした理由が感じられるものがあったと考えられる。だが雁之助側からみると、なんとも愛情が感じられない理由である。

『喜劇座』の活動の足どりを劇場記録でたどっていくと、この解散通告を劇団員はうすうす感じていたのではないかと思う。

松竹の大阪における旗艦劇場である中座で『喜劇座』は四十年九月、結成一周年記念として、古今亭志ん朝、茶川一郎、谷幹一、花園ひろみをゲストに迎え、夏目漱石の『坊っちゃん』を土井行夫の脚本・演出、坊っちゃんを古今亭志ん朝、狸を雁之助、赤シャツ・茶川一郎、山嵐を谷幹一、うらなり・小雁、マドンナ・花園ひろみという配役、山本周五郎の『ちゃん』を雁之助で、マキノ雅弘演出の『弥次喜多道中記』を茶川一郎の弥次さん、雁之助の喜多さんで、と野心作を並べ好評だったが、この公演以後の『喜劇座』公演はなく、昭和四十二年七月の『浪花シリーズ第一回・異色特別公演』に雁之助・小雁は、松山容子の主演でヒットしたテレビドラマ『うどん』の劇化が売りの公演に、『喜劇座』のメンバーで固めた藤本義一作・演出の『飛んでもない奴』（昼の部）と、山本周五郎の『ひとごろし』（夜の部）でつきあっている。四十三年六月の『浪花シリーズ第三回公演』の松山容子主演の「西陣」の時も、四十四年三月には『浪花シリーズ第四回公演』で曾我廼家明蝶の『好色一代男』の時も『喜劇座』は同じ扱いでつきあっているが、それ以後の出演はなく、劇団員は七月三十一日の解散を中座の楽屋で正式に知ることになる。

雁之助・小雁・雁平三兄弟のホームグラウンドともいえる京都・南座では、劇団結成以後、『喜劇座』公演だけでなく、三十七年頃から弱体化しゲストを加えてのテコ入れ公演を続けている『松竹家庭劇』にも応援出演しているが、四十一年九月の二周年記念公演以後は、『喜劇座』公演ではなく『唄と笑いの新春特別公演』（四十二年一月）『喜劇爆笑公演』（四十二年五月）という看板となり、四十三年以後の出演はない。

道頓堀の朝日座では三十九年十二月の『喜劇座』公演のあと、四十年一月は『松竹家庭劇新春特別公演』に応援出演し、六月に『喜劇座』公演があったが、四十一年一月の曾我廼家明蝶、曾我廼家十吾、芦屋雁之助・小雁、石井均の看板で『新春特別公演』、十月、かしまし娘と共演で『喜劇特別公演』、四十二年十一月雁之助・小雁・松山容子・倉丘伸太郎で『錦秋喜劇特別公演』を打ち上げて以後は出演なし。

このあたりのことを雁之助さんがどう考えていたかがうかがえるコメントをのせているスクラップがある。

どれだけ松竹に依存していてよいのかわからない、公演スケジュールもたてられない。松竹以外の活躍分野をみつけなければ、このままでは解散を余儀なくされてしまうのではないか。

このコメントの意味を探るために他の劇場のプログラムを当ってみると、なんと昭和四十年の十二月に東宝系の梅田コマ劇場の『年忘れ大喜劇』に芦屋雁之助・小雁が出演しているではないか。昭和三十五年に花登筐が大村崑・芦屋雁之助・小雁をつれて東宝系から松竹へ走った時東宝に残り、東西のコマ劇場を中心に活躍している茶川一郎と夢路いとし・喜味こいしの『コマ喜劇』に『喜劇座』の合同公演のような形で参加しているのだ。しかも作・演出・山路洋平の『若旦那と番頭はん』といかにも茶川一郎と雁之助に当てこみの演目に『大笑い雪之丞変化』（脚本・小野田勇　演出・竹内伸光）の二本立てである。

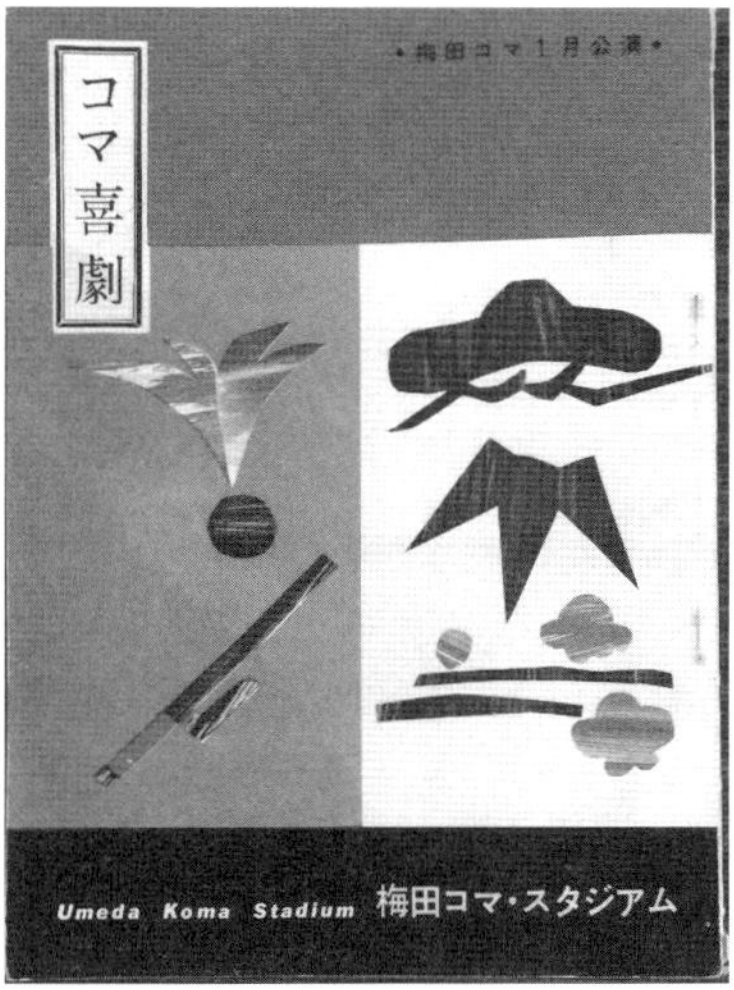

『コマ喜劇』プログラム

四十一年の十二月にはコマ喜劇『大当り駒五郎一座誕生』に茶川一郎・夢路いとし・喜味こいし、京唄子・鳳啓助、漫画トリオ、岡八郎という爆笑メンバーに雁之助・小雁の『喜劇座』が出演したこの企画は、まさに〝大当り〟で、以後梅田コマ劇場の年末恒例の演目になっていく。

四十二年、四十三年と、雁之助・小雁の『喜劇座』チームの松竹系の劇場への出演が少なくなっていく一方で、東宝である梅田コマ劇場への出演は十二月公演だけでなく、四十三年三月には、昭和三十九年に『てなもんや三度笠』を上演して以後、梅田コマ劇場で座長公演をうてるようになった藤田まことの公演にも参加している。

こうした、雁之助も感じていた松竹演劇部のほったらかし状態には理由があった。道頓堀の中座をホームグラウンドに、京都・南座、東京の新橋演舞場、名古屋・御園座と、常に満員の客を集める人気劇団『松竹新喜劇』の次々と起るトラブルへの対応で、松竹演劇部は手一杯だったのだ。このトラブル続きの『松竹新喜劇』について書かれたものは、まさに山のようにあるが、『上方放送お笑い史』（読売新聞大阪本社文化部編）が最も短くまとめて書いている。

松竹新喜劇では、明蝶が昭和三十八年に退団し、天外は四十年九月の京都・南座公演中に脳溢《のういつ》血《けつ》で倒れて病床にあった。劇団側は、ミヤコ蝶々・南都雄二を急遽、迎え入れたとはいえ、内部のゴタゴタは絶えず、五郎八や石浜、中村あやめも、その後に退団して、客足は次第に遠のいていった

次々と起る騒動の裏側には、藤山寛美の莫大な借金問題があり、四十一年四月、借金にからむ暴力団との黒い交際が発覚、寛美は『松竹新喜劇』から除名された。この騒動の結末を『上方放送お

笑い史』は、

寛美は事件発覚後、放送界からも追放され、東映映画に出ていたが、昭和四十一年十一月、松竹から新喜劇への復帰を許された。営業面を考えての〝免罪〟だったが、寛美が復帰したことで、新喜劇は再び息を吹き返した。

とたった三行でまとめているが、大阪中をゆるがす大事件であり、その後の藤山寛美の活躍は、松竹新喜劇の昭和六十二年二月まで続く二百四十四カ月連続無休公演というまさに前人未到の記録樹立など、大阪の演劇界は藤山寛美を中心に動いていたのだ。

花登筐が『私の裏切り裏切られ史』に、

（「笑いの王国」の）観客が目当てに見に来る本命は、やはり六分方は大村崑君で、帰りに「よかったな」と涙を拭くのは、雁之助君主演の芝居で「リンタク一代」とか、「声色一代」などの「一代記シリーズ」ものであった。

事実、雁之助君の主演の舞台での出来は出色もので、それは最近山下清役を演じた関西テレビのドラマでもお分かりのことであろう。

と書いた雁之助主演の芝居が、劇団『喜劇座』でますます磨きがかかり、重い芝居が多い劇団という印象をもたれてしまう結果を生んだ。

更に大きいのは劇団『喜劇座』がスタートしたころの大阪での〝笑い〟が芦屋雁之助の頭上になく、絶頂期を迎えていた『てなもんや三度笠』の藤田まことの頭上にあったことだ。こうした状況を打破すべく松竹演劇部が考えたのが、関西テレビの連続ドラマで大ヒットした松山容子主演の根性ドラマ『うどん』の劇化とのカップリングであった。かつて『笑いの王国』分裂の原因の一つともなった花登筐の『土性っ骨』につながる路線であるが、女性が主役の根性ものであるところが新しかった。このころから商業演劇は男性客の姿が減り、劇場は女性客で占領されるという風景に変りはじめていたから、手ごたえはあり、この路線は更に試みられたが、救世主となるには時期が早かった。花登筐がよみうりテレビで新珠三千代の主演の『細うで繁盛記』で大当りするのは昭和四十五年からであった。以後、商業演劇の世界では女性客の共感する女優主演の一代記ものが定番化することになる。

昭和四十四年七月三十一日、このような状況の中でもがき続けた劇団『喜劇座』のリーダー芦屋雁之助は、「できることならもう一度、劇団として再出発したい」と無念の思いのこもったコメントを残して劇団を解散したのだ。

以後、芦屋雁之助と芦屋小雁は一緒に行動することはほとんどなく、芦屋雁之助は演劇の世界で達者な脇役として、森繁久彌、山田五十鈴、ミヤコ蝶々の公演に参加、中でも森光子との漫才コンビ、ミスワカナ・玉松一郎の生涯を題材にした『おもろい女』では、その控え目な演技が高く評価されてスポットライトが当たったりはしたが、演劇界の片隅でひっそりと生きているという印象だった。

そして昭和五十五年三月の早朝、『花王名人劇場』をスタートさせたばかりの私と芦屋雁之助さんは、運命的といってもいい出会いを東京の旭屋書店の書棚の前でするのだ。この朝の出会いで生まれたテレビドラマ『裸の大将放浪記』は、昭和四十一年三月の劇団『喜劇座』南座公演で上演した藤本義一脚色・演出による『放浪の天才・裸の大将』のテレビ版であった。終生の当り役となった「裸の大将・山下清」を雁之助さんは民音の公演などでゆっくりとつくりあげ、「この役はわてしかできません」と私にはっきりといえるものにしていた。十七年間、八十三作放送されたテレビ版『裸の大将放浪記シリーズ』の人気もあって、芦屋雁之助を座長とする劇団が大劇場で上演されるようになり、更には、いやいや唄ったのにミリオンセラーになった「娘よ」の大ヒットで次々と歌を吹き込み、歌謡ショーと芝居の二本立て公演ができる人気劇団になったのだ。

芦屋雁之助さんにとって劇団『喜劇座』を結成したよろこび、そして屈辱ともいえる劇団解散にいたる『喜劇座』の苦労の数々も、藤本義一さんとつくりあげた「芦屋雁之助の裸の大将」を生んだことで十分意味があったといってもいいのではないだろうか。

特別鼎談

大村崑・芦屋小雁・澤田隆治

花登筐とはどういう人だったか

澤田　今日は花登筐さんについての話を、テレビ草創期の生き証人であり、花登軍団のメンバーであったお二人に聞いておきたいんです。藤田まことや僕は、お二人より一歩遅れて世の中に出ている。佐々十郎、大村崑、茶川一郎、芦屋雁之助・小雁、この五人は、花登さんを先頭にブワーッと走り抜けた。花登筐さんの『私の裏切り裏切られ史』を読むと、『笑いの王国』（花登主宰で昭和三五年に旗揚げした劇団）を作ったあと、花登さんは雁ちゃん（芦屋雁之助）、小雁ちゃんともめて劇団を解散したと書いてある。でも、雁之助さんも、『笑いの王国』旗揚げの時には、喜んでついてったんやね。

芦屋　一応ね。ついてった。

大村　花登先生にとってあの男は一番怖いんですよ、僕の勘では。

芦屋　あんまりしゃべらんし。気分で芝居するし。「俺は」っていう感じがあったからね。

大村　またええ芝居するから。三本立ての芝居の、中狂言。「職人一代」とか、「一代モノ」の主役をやる。年代的に俺らとほとんど歳かわらんのに、昔から〝老け〟やって。前狂言は、小雁ちゃんが主に主役で軽い芝居、トリ狂言は全員でお笑いドタバタ時代劇をする。だから真ん中の芝居、力入れてやるやん。それを、あの人は気分次第でちょっと遊ぶわけや。僕も困ったことあるねん。雁ちゃんが台詞言うとこ、何も言わんから見たら、舞台の上でホントに寝てることあった。ある女優さんが、息子役の僕の名前を、本当は「アキオ」やねんけど、「ハルオ」って、言ってしもた。さあそこで雁ちゃんは「確か娘から聞いてたのはアキオですねんけど」「あんた親子やろ、自分の息子の名前を間違うのは」って、どんどん相手に突っ込んで、相手が泣き出すこともあってん。そういう脱線、好きな人やねん、雁ちゃんは。ところが花登さんは大嫌い。そのあくる日、中座の楽屋口を上がったとこに「舞台はまじめにやれ。台本どおりに言え　花登」って貼紙してあんねん。そしたら小雁ちゃん顔色変えてね。いきなりその紙ぱっととって丸めた。「さ、さすが、俺もできへんことを、おぬし、やるな」思うたわ。

芦屋　僕、花登さんに直談判や。表出ろ、決着つけようや言うて。「これを、雁之助本人の目の前で言えーっ！」。

澤田　この時「劇団を解散しよう」と決心した、と花登さんは書いてます。

芦屋　ほんまかいな。

大村　それまで、花登先生に対して誰もそういうリアクションせえへんかった。二人ともなんでも「はい」言うてたんや。舞台稽古でも、矢面に立つのは我々二人や。「なにしとんのや！」「はい」「台本通りやれー」「はい」。花登先生、昔はそういう人やなかってん。小雁ちゃんとも僕とも、花登先生は一緒に質屋通いしてたんや。北野劇場の時は、互いのアパートで、僕が台本を清書したり、一緒にせんべい布団に寝たことあんねんわ。でも後に「先生、よう質屋行きましたね」言うと、「誰に言うてんねん。俺、あんたと質屋通いした？」と言われて、その時に思うた。出世したこの人には、一切そういうこと言うたらあかんのやなあって。過去のことには触れられたくない。

芦屋　そうそう。

大村　僕が『笑いの王国』辞める時もね、お金で頬っぺた叩くようなことしたんや。それで僕が、「ナメるな!!」「最後に残った役者を、金で何とかなるようなこと、言うな！」って言った。そしたらもう、ぶるぶる、震えてはんねん。本当は性格、ものすごうおとなしい人やねん。

澤田　辞めようという気になったのは何で？

大村　もう、ジワージワーっときたんですよ。芝居のあと「一杯いこか」て先生から声がかかると、僕お酒飲まれへんから失礼するじゃないですか。あくる日楽屋に「おはよー」って入ったら、先生はじめ共演者の雰囲気が変なんです。前夜さんざん僕の悪口言ってるのはわかってる。機嫌がいい時は「この芝居な、崑ちゃんに聞き。こんなん何百回やってるからな」言う。そうすると、みんな衣装のことも段取りのことも、僕とこに聞きに来るねん。それで稽古になったら「誰に聞いてんねん、それ？」ということになる。「昔と同じにやるんやったら、稽古いらん！」とかって言うんだもん。

澤田　いびりか。それは何が原因なの？

大村　劇団が、外部の人間の力を借りてやるようになると、みんなあの人をよいしょしましてね。みんな嫁さんがバケツ持って先生の家掃除しに行く、正月はみな祝いに行く。それを僕とこはしない。その前の大きな原因はね、先生の家の北側に、僕がもう一つ大きい家建てたのがあかんかったのですよ。先生、運転手連れてうちの周りをずっと廻って、運転手にものすごいぼやいた。「誰のおかげであんな大きな家を建てたんや」。僕はそれ知ったから、慌てて手土産持って行ったんやけど。

澤田　初めて言いますけど、僕はね、崑ちゃんが辞めた原因を、花登さんから聞いてる。「あいつは女房に頭上がらへん。大村崑に、女房を取るか、俺を取るか、迫ったら、あいつは根性がないから女房を取って劇団をやめよった」と、僕にはそう解説した。

大村　まあ、いろんなことがありまして。

澤田　星由里子さんと一緒になる時は、自分から家出てしまったの、花登さんは？

大村　自分から出て行った。例の大きな家を、スッカラカンで出たと、どっかに書いてたと思うけど、嘘。お膳もお箸も、何でもみな、半分つに分けた。ええお膳を先生が持ってって、悪いほうを置いて。面白いのは、三波春夫さんからもらった灯籠。気に入ってて、あれを持っていくと言った時、当時の奥さんが怒って「あれはこの家にもらった灯籠や、家にもらった物は根が付いてんねん。それを持っていくの？　恥を知れー」とか言って。その時分先生が書いてた『どてらい男《やつ》』か何かに、灯籠の話が出てきますわ。そん中に「灯籠いうのは家の中に、土の中に根が生えて」というセリフがある。

澤田　そのまま使ってるんや（笑）。雁ちゃん小雁ちゃんが『喜劇座』を作ろうとした時は、どうやって別れたの？

芦屋　結局、さっきの喧嘩ですぐ辞めました。

澤田　昭和三十九年に劇団『喜劇座』こしらえて、同じ松竹系の舞台出てますね。ほとんど毎月。

芦屋　はい。花登さんともめて『笑いの王国』を僕らが飛び出すと聞いた松竹さんが、花登さんと別れても松竹に残って欲しいと言うてくれはって、それやったら雁ちゃんと「劇団つくろか」ってことになった。劇団『喜劇座』っていう名前も、松竹さんから勧められたんですよ。

澤田　崑ちゃんは花登さんとずっと、東宝でやってた。

大村　そういう話になってるけど、僕にしたら座付作者がいなくなって関西で仕事がとれなくなったから、縁を頼って東京に出て行ったら、頼まれた仕事の本を花登先生が書いてたんです。関西から見たら、花登のおやっさんとつるんで、東京へ出たということになってるんよ。その後花登先生が東宝に戻れたのは、僕はようわからんけど、憶測としては、当時東宝の重役やった雨宮《あまみや》さんの口添えがあったんやないかと思います。

澤田 その後、あなたは佐々ヤン（佐々十郎）とやったでしょ。二人で。あれは花登さんが本書いてる。

大村 花登先生が書いてんのん?……その辺はぼやけてんねん。

澤田 「大阪喜劇」とか「喜劇祭り」とか、これを松竹芸能の勝忠男さんのとこで、昭和四十二年にやってる。

大村 松竹に行ったのは、花登のおやっさんから逃げるために、松竹芸能一時預かりになったんや、僕は。

澤田 谷幹一と石井均と、「キンコンカン」って言われた時代があったじゃないですか。ところが、そのうち崑ちゃんがいなくなって、谷幹一と石井均がずっと花登さんの芝居に出てる時期がある。ところが谷幹一も石井均も、花登さんの葬式にも行かないような関係になる。晩年は一ぺん見放した佐々ヤンをかわいがってたでしょ。外側からだと、わけわからん。

大村 いや、中におった人間がわからへんのやからね。でも僕ら、あの強烈な作家・演出家に、基礎を作ってもらったんやと思う。台本を新幹線に乗ってる間に書く人やから。『細うで繁盛記』のとき、一緒に行くじゃないですか。大阪から乗って、「京都過ぎたら起こしてくれ」言うて。短い間、完全に寝よんねんわ。で、起こすと、鞄パカッと開けて板を出して、それを膝の上に置いて、こうペン握って、十分ぐらい唸ってて、書き出したら、もう台詞言うのと同じテンポで書くんやから。あーだのこうだの、もう、新幹線の中でやっかましい、セリフ声に出しながらバーッと書く。で、東京着いた時にポンポンと原稿用紙を束ねて、「ここで書いたったの絶対内緒やで」と僕に言うて、東宝の人が迎えに来ていて、渡して。それでも、原稿足りない分、現場で作っちゃうねん。そういうサーカス的なことができた人。僕、『番頭はんと丁稚どん』で、堺駿二さんがゲストの時のこと忘れられへん。「こうしゃべって」と先生が言ったら、堺さんが笑いこけて、すいません、ちょっとそのセリフ、台本に書かしてくださいねって、台本持ってこさせようとすると、「台本はこっちで控えてますから、今僕が言うとおりに言ってください」って。ところが堺さんはそういう技術持ってないの。

澤田 いわゆる口移し、昔の芝居の演出の仕方やろね。僕ね、花登さんが演出してるの見てたことがあるの。そしたら、「崑ちゃん、ここ、あの例のやつやろう」と花登さんが言ったら、「はい」って言って、それをやるの。「例のやつ」でわかってる（笑）。

大村 引き出しの中にパターンがいっぱいいろいろあるから。

澤田 そう、手持ちのシチュエーションギャグがいっぱいあって、いちいちセリフつけなくてもいいんやから。ここで何か笑いがほしいと思うたら、「あれやろか」って言うんですよ。すると突然、節劇《ふしげき》が始まるんですよ。

大村 雁之助は浪曲知ってるからね、我々ができない芸をできるの。袖から出てきて「♪何が何して何とやらー」。それを僕らが真ん中で、「♪あんがらあんがらあーいあい♪」ったら、簞笥の引き出しを引っ張ってあけて、中から着物出してたたんで広げて、またたたんで、それをまた入れる。何もないとこでパントマイムで。踊りになんねや、それが。「簞笥の引き出し」と言っただけでもうわかる。

芦屋 あとは「いろは」、ね。

大村　いろは、いーろーはーて描きながら踊る。
芦屋　大衆芸能の基本というやつです（笑）。
澤田　「あれやろ」で一場がもってしまう。うらやましいチームです。
大村　雁ちゃんは、漫才組む前に、浪花節とかやってたんやね。
芦屋　旅回りの一座でね。
大村　末端の人を喜ばす術知ってるからね、我々が汗水垂らしてることなんか、屁でもないようなとこあったと思うよ。「一代モノ」シリーズ、だいぶ持ってたね。
芦屋　あのシリーズ、あらすじだけ、雁ちゃん、自分で書いて渡してた、花登さんに。で、それを元に書いたんや。だから文句言われたら「俺の本やねんから、何言うてんねん」言うとった。あの人の「一代記」、全部雁ちゃんが書いた。
大村　それは初めて聞いた。
芦屋　『笑いの王国』辞めて、劇団『喜劇座』作ってもらって、雁ちゃんと一緒にやってたけどね、テレビでは花登さんと僕は交流があった。これおかしいやろ。雁ちゃんはあかんけども、僕はたまに花登さんのものに出たりしてた。
大村　それに対して雁之助は「お前な、やめ」とか「行くな」とかは言わへんかった?
芦屋　しょっちゅう言うてた。それでも僕は行ったんや。
大村　要するに、作家としたら駒が要るわけですよ。この駒は絶対小雁ちゃんやなかったらあかんって、それで書いてるからね。
澤田　他のやつがやったって、なかなかそうはいかん。

芦屋　面白かったのは、花登さんが三越劇場で芝居やるのに「僕も出たいな」言うたら、「よし、おいで」言うから行ったんや。役、何もあらへん。「何するんですか」。「お前な、大道具の棟梁やってくれ」。芝居に関係なく暗転になったら出てって、全部僕が指図して、「はい、ライト、オッケー」「スタート」言って、そこで芝居が始まる。全部の幕間に出てくるだけ。それを花登さん、その場で作ってしまうのや。

大村　そういうことは考えられんわね、普通はね。ただ、我々が今ご飯食べさせてもらうことは、先生に教えてもろた、雁ちゃんに芝居教えてもらった、佐々ヤンにも茶川さんにも、亡くなった人に我々がそういうものを、エッセンスいただいて今日あるわけやからね。

芦屋　そうそうそう、そういうこと。

大村　だから当時は憎いなとか言ってたけどね、今になったら懐かしい。もし会えるもんなら会って昔の話したいなと思う。だから今日、昔話ができて嬉しい。

（二〇〇八年七月）

あとがき

明治百年という時代の括りの年に〝明治は遠くなりにけり〟というフレーズが流行《はや》ったことがあるが、平成になって二十九年、昭和がかなり遠く感じられるようになったいま、私は、昭和三十年代、テレビで世の人に知られ、映画に演劇、歌の世界でもヒット曲をリリースし、平成十七年に亡くなるまで多くの人に愛された芦屋雁之助さんの人生を書いた二年の連載が一冊の本になる幸せを思い切り味わっている。

平成十九年、いまから十年前に筑摩書房のＰＲ誌『ちくま』で「平成コメディアン史」をスタートした時には、芦屋雁之助さんと同時代に活躍した人々のことだけで二十五回も書き続けるつもりはなく、タイトル通り昭和にデビューして私とテレビ番組づくりを続け平成にかけて活躍したコメディアンと私との関わりを書こうと担当の長嶋美穂子さんとの打合せのあと資料集めに取りかかった。

いま女流浪曲師玉川奈々福として八面六臂の活躍を続けている長嶋美穂子さんは、そのころ筑摩書房の編集部でちくま文庫を担当。ちくま文庫『決定版上方芸能列伝』は私が平成元年から『別冊文藝春秋』で連載し、同社からハードカバーで、平成八年には加筆して文春文庫でと、三たび世に出たものに、十年以上たった平成十九年の目線で更に手を入れさせてもらうことができた幸せな一冊となった。その加筆のために幾度となく読み返していると、昭和三十年から五十年以上もラジオ・テレビの番組をつくり続け、つきあいに濃淡はあるにしても数え切れないほどの芸能人や脚本家との接点があったのに書き洩らしている人が多いのが気になりだした。

『上方芸能列伝』では、横山エンタツ・花菱アチャコ、中田ダイマル・ラケット、ミヤコ蝶々・南都雄二、都家文雄、高田浩吉、暁伸・ミスハワイ、ルーキー新一、林正之助、正司敏江・玲児、曾我廼家五郎八、横山やすし・西川きよしの十一組について、私の手許にあった資料を駆使し、芸能界での足跡に大阪でテレビの番組づくりをしていた私との思い出をからませて書いたので、「平成コメディアン史」では、書き漏らした気になる芸能人の中で同じレベルで書けそうな名前を選んだ。

まずは『てなもんや三度笠』を一緒につくってきた戦友のような藤田まことさん、そして白木みのるさん、財津一郎さんは、若きコメディアンがスターの座に駆け上がる姿をこの番組で私にみせてくれた。私の知らないドサ廻りの世界のことを教えてくれた鳳啓助・京唄子さん、いまでも残念な美空ひばりさんの弟・香山武彦クン、私をいっぱい助けてくれた南利明さん、関敬六さん、その『てなもんや三度笠』を三〇九本、『スチャラカ社員』を三一八本と、毎週二本の公開コメディを同じ時期に書き続けてくれた香川登志緒さん、こうして名前を書いているだけでいろんな番組のことが思い出され、名前が次々と浮かんできた。

芦屋雁之助、芦屋小雁、大村崑、佐々十郎、茶川一郎、花登筐、京山幸枝若、笑福亭松鶴、笑福亭仁鶴、桂米朝、桂枝雀、横山ノック、山城新伍、この名前に藤田まことと、白木みのる、財津一郎、香川登志緒、鳳啓助・京唄子を加えてリストにして長嶋さんに見せたら、「東京のコメディアンも入れられませんか」ときかれた。

大阪での番組づくりの中で東京のコメディアンともかなり濃いつきあいをしていたし、昭和四十八年に仕事の場を東京に移してからは、テレビの番組づくりだけでなく舞台での喜劇公演を演出する仕事でも、それまで知らなかったベテランのコメディアンや若いコメディアンを発見したりしたので、長嶋さんの提案に異存はない。

あとは体力である。かつてのような自信はないが、気力はあるし、記憶力の衰えは当時の番組資料を保存してあるのでなんとかカバーできると信じてスタートすることになった。

さて最初は誰から書きはじめようかと考えていたら『花王名人劇場』の名物シリーズで、十七年にわたり八十三作放送された芦屋雁之助主演の『裸の大将放浪記』を十年ぶりにリメークする塚地武雅版「裸の大将」の放映が決まりましたとプロデューサーから知らせがあった。五十音順でも芦屋雁之助さんがトップ、というわけで芦屋雁之助伝からはじめることになった。

まずは芦屋雁之助さんが出演した劇場公演のプログラムを揃えることからスタートしたが、これが思っていたより大変だった。雁之助・小雁の漫才コンビで大阪の寄席に初出演した時のプログラムや、OSミュージックにコントで出演していた頃のプログラムといった〝レア物〟は持っていた私の資料の中にたまたまあったが、『笑いの王国』の南座・中座のプログラムを揃えるのは大変だった。そのころは私も『びっくり捕物帳』という人気番組のディレクターを担当していたので、自分のことで精一杯で公演を見に行っていないから手許にはプログラムがないのだ。しかし、芦屋三兄弟の末弟の芦屋雁平さんがきちんと整理されていると小雁さんからきいて、雁平さんにお借りしてなんとか揃えることが出来た。爆発的な人気番組となった『番頭はんと丁稚どん』のレギュラーだった茶川一郎さんの突然の降板で丁稚の一員となってデビューした芦屋雁平さんは、自分が出演した劇場のプログラムをきちんと保存されていたのだ。雁平さんが出演していない舞台公演や東京公演、名古屋公演のプログラム探しは松竹や御園座の図書館にも通ったが古書店のお世話でほぼ七〇パーセントが手許にあり、脚本・演出・出演者の連名、掲載されているそれぞれの「ごあいさつ」で公演前の覚悟が感じられるものがあって大いに参考になった。芸能ニュースが花盛りのいまと違って、五十年前は映画スターが芸能ニュースの主役で、舞台やテレビが主戦場のコメディアンを取り上げた新聞の記事はほとんどない。そんな中で舞台公演では必ず制作される公演プログラムは貴重な資料だった。特に昭和三十四年に演芸に復活した吉本興業の、梅田花月のこけら落とし公演から十日替りで五カ月のプログラムは一枚の表裏に印刷され無料で配られたものだが、『笑いの王国』が結成されるまでの花登チームの動きが読める資料としての価値は高いものがあった。

資料として有難かったのは昭和三十年代に活躍したお笑いタレントの自伝を続けて連載した大阪新聞の「幕のうちそと」で、芦屋雁之助さんは昭和四十二年にこの企画の最後のタレントとして二十回書いている。すでに花登軍団による劇団『笑いの王国』が解散し、芦屋雁之助さんは『喜劇座』を結成して座長となり、覚悟を多くの人に知ってもらう必要があった時期であることを自覚していたので引き受けたのだと思うが、この時以後、若い頃の思い出話を語ることがなかったことを思うとよくぞ書いておいてくれたと思うのだ。

花登筐さんの『裏切り裏切られ史』は、花登筐さんの遺書ともいうべきものだが〝裏切り〟というものは立場によってその理由が正反対のことがあるものなので事実関係の実証がいる。花登筐さんは記憶だけで書いているので『週刊朝日』に連載当時から記憶違いが多いことが指摘されていた。

私はこの連載中にドラマの脚本を依頼していたのでその点を話題にしたことがあったが、本人は全く意に介していなかった。花登筺さんはテレビドラマや芝居の脚本・演出に、小説・映画の原作・脚本などで一時代を築いたスーパーマンであったが、その作家としての仕事の記録として考えると貴重な証言であることは間違いない。資料的には慎重に扱うにしても……。

最近『まぼろしの大阪テレビ』という昭和三十年代に大阪にあった民間放送のテレビ局の記録と証言をまとめた分厚い本が出版されたり、昭和三十年代、花登筺さんの秘蔵っ子だった大村崑さんの書いた『崑ちゃん　ボクの昭和青春譜』が評判になったりしているのは、昭和三十年代の時代を懐しいと思う世代が透けてみえる現象ではないかと私は思っている。そんな時期を待っていたわけではないが、こうしてPR誌『ちくま』に二年二十五回に亘って連載した「平成コメディアン史」を出版するために、構成をかえ、連載にありがちな閑話休題風の寄り道などをカットするなど手を入れた。

『私説コメディアン史』を制作する時に『コメディアン年表』を作って巻末につけたのが後々、便利だったので、今回は『芦屋雁之助年表』を巻末につけようということになり、年表づくりが趣味でいろんな年表を作成している友人の高田準さんにデータを渡したら、私がモタモタと手を入れている間に出来上ってしまった。感謝あるのみ。

いつのまにか八十歳をすぎ七回目の年男になってしまった私は、いま、私と仕事をして世に知られたのに次第に忘れられていく人々のキラキラしていた頃のことを少しでも多く書き残しておくために一日でも長く生きていたいと願っている。

芦屋雁之助年表

昭和6年（1931年）
5月29日　京都友禅染屋の父・西部義正と母・さつのあいだに、六人兄弟の四男として生まれる。本名は西部清。京都市立朱雀小学校卒。音楽好きの父親が作った一座に付き、幼い頃から巡業の日々をおくる。五男秀郎は、芦屋小雁、六男重一は芦屋雁平。

昭和18－19年（1943－1944年）
このころ、兄弟で映画に夢中になる。軍需工場で働く。

昭和20年（1945年）
8月15日　太平洋戦争終戦。8月に徴用通知が来るが、すぐに終戦になった。

昭和21年（1946年）～
父親について、地方巡業をする。最初に入った一座は「空中美人・柴春子とフタバ楽団」。ここで、「少年奇術師 若松きよし」の芸名で初舞台。その後、一座は解散するが、再び組んだ一座に、一人でドラマーとして参加。さらに、五条家金玉夫婦の一座に「五条家金坊」の芸名で入る。浪曲一座に参加したのもこの頃。

昭和24年（1949年）
弟・秀郎と当時人気の漫才師、芦乃家雁玉・林田十郎に弟子入り。清は「雁之助」、秀郎は「小雁」の名をもらう。神戸の八千代劇場で、漫才師芦乃家雁之助・小雁として舞台に上がる。

昭和26年（1951年）
民間放送ラジオの放送が始まる。中部日本放送、新日本放送、朝日放送などが放送開始。

昭和28年（1953年）
ＮＨＫ、日本テレビがテレビ本放送開始。

昭和30年（1955年）
芦乃家雁之助・小雁として大阪唯一の寄席、戎橋松竹に、三番叟。澤田隆治が制作した朝日放送のラジオ番組に2回出演。この年、ＴＢＳがテレビ放送を開始。

昭和31年（1956年）
4月　雁之助、小雁のコンビで昭和29年に開場した大阪ＯＳミュージックホールにコメディアンとして準専属となる。5月1日～10日　21日～27日　ＯＳミュージックホール「マダムは夢で恋をする」。立原博、邦・ルイズ、ピンク・ローズらと出演。その後、「芦乃家」を師匠に無断で「芦屋」に変えたため破門（後に、破門を解かれる）。9月1日～30日　ＯＳミュージックホール「能楽（のらくら）教室／夜ごとに恋する娘達」。立原博、ピンク・ローズ、アンヂェラ浅岡らと出演。

11月1日〜29日　OSミュージックホール「kiss me deadly」。邦・ルイズ、K・水町、パール純、立原博、三浦策郎らと出演。
11月16日　大阪テレビ「恋とトンプク」。脚本を書いた花登筺がテレビに興味を持つようになったドラマ。珠晃、三浦策郎らと出演。12月1日には、大阪テレビ放送（OTV）開局。NTV、TBS、CBCとネットワーク。

昭和32年（1957年）

2月1日〜27日　OSミュージックホール「マンゴとペテン師／春色吉田御殿」。立原博、芦屋小雁、アンヂェラ浅岡、明日待子らと出演。ただし、雁之助は、16日からの出演。

OSミュージックホール「マンゴとペテン師／春色吉田御殿」プログラム

3月1日〜30日　OSミュージックホール「雨情、春情、欲情（森繁久彌が演出と構成）／七つの門」。立原博、アンヂェラ浅岡、邦・ルイズらと出演。
4月2日〜30日　OSミュージックホール「女の二十四時間／春のヴァージンセール」。立原博、財津肇メ、ピンク・ローズ、暁広子らと出演。
5月1日〜31日　OSミュージックホール「スポーツマン一刀斎」。立原博、邦・ルイズ、K・水町、財津肇メ、三浦策郎らと出演。
6月1日〜30日　OSミュージックホール「幽霊は陽気に踊る」。立原博。ミス・マーガレット、ピンク・ローズ、松旭斎天彩らと出演。
7月2日〜30日　OSミュージックホール「真夏の夜の美女」。アンヂェラ浅岡、ピンク・ローズ、K・水町、立原博、財津肇メらと出演。

OSミュージックホール「真夏の夜の美女」プログラム

10月1日〜30日　OSミュージックホール「和唐内／女だけの部屋」。立原博、河上敬子、ミス・伊東、豊千景らと出演。
11月1日〜30日　OSミュージックホール「シネマカバルーケード」。立原博、アンヂェラ浅岡らと出演。
11月15日　東宝映画「女殺し油地獄」。中村扇雀、中村

鴈治郎、三好栄子らと出演。監督は堀川弘通。
12月1日〜30日　OSミュージックホール「東京グラマー大阪よろめき」。笑福亭松之助、立原博、サブリナ、夏丘梨枝らと出演。
12月31日　大阪テレビ「花のファンタジー」。司葉子、団令子、佐々十郎、世志凡太らと出演。

昭和33年（1958年）

1月1日〜30日　OSミュージックホール「初笑いヌードデラックス」。E・H・エリック、世志凡太、立原博、ジーナ・敏江、中芝由美子、エド・美智子らと出演。
2月1日〜28日　OSミュージックホール「メケメケ★まめまめ」。立原博、三浦策郎、銀座・ローズ、アンヂェラ浅岡、三冬まり、K・水町らと出演。
3月1日〜31日　OSミュージックホール「続・ヌード漫画読本」。立原博、三浦策郎、アンヂェラ浅岡、三冬まり、ミス・リタらと出演。
4月6日　大阪テレビ（後に朝日放送と合併）「やりくりアパート」（〜35年2月28日）。大村崑、佐々十郎、茶川一郎らがレギュラー出演。雁之助は脇役として、時々出演。
6月1日〜30日　OSミュージックホール「ヌード春泥尼」。立原博、K・水町、ミス・タンダラヤ、ミス春泥尼と出演。
8月1日〜30日　OSミュージックホール「ヘッド・スキャンダル」。立原博、三浦策郎、ポール聖名子、ジェリー・レイらと出演。
9月2日〜29日　OSミュージックホール「ヌード漫画読本」。E・H・エリック、立原博、三浦策郎、K・水町、木川かへる、ポール聖名子らと出演。
10月1日〜30日　OSミュージックホール「不道徳教育講座」。演出は三島由紀夫。アンヂェラ浅岡、北条ますみ、水原マリ、立原博、三浦策郎らと出演。
11月1日〜30日　OSミュージックホール「midnight blues」。淡谷のり子、立原博、三浦策郎、水原マリ、七尾ジュリ、横山ヒデト（エンタツジュニア＝後の花紀京）らと出演。
12月2日〜30日　OSミュージックホール「SEX CALENDAR」。花紀京、立原博、三浦策郎、アンヂェラ浅岡、江波京子、横山ヒデトらと出演。
12月　芦屋小雁は、活躍場所を北野劇場へ移動。そのため芦屋雁之助にチャンスなく、小雁とのコンビを解消。

昭和34年（1959年）

1月1日〜30日　OSミュージックホール「初笑いヌードギャンブル」。立原博、三浦策郎、サンディ・ナイト、アンヂェラ浅岡、谷内リエらと出演。
2月1日〜28日　OSミュージックホール「はだか★にっぽん」。三浦策郎、江波京子、アンヂェラ浅岡、横山ヒデトらと出演。
3月1日〜30日　OSミュージックホール「おヒップで殺せ」。三浦策郎、江波京子、アンヂェラ浅岡、池川秀治らと出演。
3月9日　毎日放送「番頭はんと丁稚どん」（〜36年12月25日）レギュラー出演。大ヒットとなる。小番頭雁七役。茶川一郎、大村崑らと出演。後に、茶川一郎が降板、雁之助が番頭役を引き継ぐ。

4月1日～10日　うめだ花月「吉本ヴァラエティ第4回公演　エンタツの結婚行進曲」。横山エンタツ、三角八重、芦屋小雁らと出演。

5月11日～20日　うめだ花月「吉本バラエティ第8回公演　おっとどっこい」。大村崑、山口真代、芦屋小雁らと出演。

5月21日～31日　うめだ花月「吉本バラエティ第9回公演　ボスと酒と用心棒」。笑福亭松之助、芦屋小雁らと出演。

うめだ花月「吉本バラエティ第9回公演　ボスと酒と用心棒」。予告パンフレット

6月11日～20日　うめだ花月「吉本バラエティ第11回公演　みおつくしの鐘は鳴る」。大村崑、山口真代、芦屋小雁らと出演。

7月1日～10日　うめだ花月「吉本バラエティ第13回公演　おさむいです」。笑福亭松之助、三輪ますみ、芦屋小雁らと出演。

7月14日　東宝映画「森の石松幽霊道中」公開。フランキー堺、鶴田浩二、加東大介らと出演。監督は佐伯幸三。

8月1日～10日　うめだ花月「吉本バラエティ第16回公演　女は三年勝負する」。笑福亭松之助、大村崑らと出演。

9月2日　読売テレビ「お笑い珍勇伝・とんま天狗」（～昭和35年12月24日）にレギュラー。土方歳三役。大村崑、芦屋小雁、夢路いとし・喜味こいし、由美あづさ、花紀京らと出演。

9月2日　毎日放送「コミック捕物帳・まげもの110番」（～昭和35年2月25日）にレギュラー。茶川一郎、大村崑、夢路いとし・喜味こいし、芦屋小雁らと出演。

＊9月　花登筐、大村崑らと松竹系「劇団笑いの王国」を結成。

9月11日～29日　道頓堀中座「劇団笑いの王国旗揚げ公演　あかんたれ物語／女中はんと丁稚どん　他」。大村崑、川上のぼる、正司歌江、正司花江、正司照江らと出演。

10月1日～10日　うめだ花月「吉本ヴァラエティ第22回公演　明日の風・今日の風」。芦屋小雁、芦屋凡凡。

10月6日　読売テレビ「東西とーざい」（～3回放送）。

10月10日　毎日放送「お早よう団地」（～35年1月28日　初音礼子らと出演。）。

10月11日～20日　うめだ花月「吉本バラエティ第23回公

演　松ちゃんの初恋」。笑福亭松之助、白木みのる、片岡あや子らと出演。
10月20日　読売テレビ「お笑い交番日記」（〜19回放送）。
11月11日〜20日　うめだ花月「吉本ヴァラエティ第26回公演　僕はスターだ！」。大村崑、芦屋小雁らと出演。
11月14日　毎日放送「アチャコ武芸帖」（〜35年2月6日）。
11月24日　日本テレビ「チャンネル0を回せ」。
12月1日〜10日　うめだ花月「吉本バラエティ第28回公演　まかしといて」。守住清、芦屋小雁らと出演。
12月26日　東宝映画「サザエさんの脱線奥様」。江利チエミ、清川虹子、小泉博らと出演。監督は青柳信雄。
12月31日　毎日放送「番頭はんと丁稚どん大会」。

昭和35年（1960年）

1月1日　毎日放送「らーめん親子」（〜36年2月3日）にレギュラー。
1月1日　毎日放送「うかれ殿様行状記〜彼奴不触〜」。
1月11日〜20日　うめだ花月「吉本ヴァラエティ第32回公演　お笑い丁稚どん物語」。大村崑、守住清、芦屋小雁らと出演。
1月22日　大阪劇場「大劇上演丁稚シリーズ第2弾　黒い小番頭と黄色い丁稚」。大村崑、芦屋小雁、星野みよ子らと出演。
1月23日　朝日放送「サンドウイッチマン物語」（〜11月5日）。
1月31日　テレビ朝日「黒い小番頭と黄色い丁稚」。
2月1日〜10日　うめだ花月「吉本ヴァラエティ第34回公演　まっぴら御免」。白木みのる、守住清、芦屋小雁。
2月24日　毎日放送「あ、あの花よいつ開く」（〜4月6日）。
2月28日　東宝映画「サザエさんの赤ちゃん誕生」。江利チエミ、小泉博、白川由美、清川虹子、藤原釜足、柳家金語楼、森川信らと出演。監督は青柳信雄。
3月1日　結婚。読売テレビで「トリプル結婚式」。大村崑、芦屋小雁とともに出演し挙式。
3月3日　毎日放送「まげもの十八番　ざんぎり長屋」（〜3月31日）にレギュラー。女形のお婆さん役。
3月6日　朝日放送「やりくり天国」（〜8月28日）にレギュラー。
3月11日〜20日　うめだ花月「吉本ヴァラエティ第38回公演　雁ちゃん・小雁ちゃんの陳さんの青春」。芦屋小雁、守住清、西岡慶子らと出演。
4月7日　毎日放送「迷巡査物語　お笑い一一〇番」（〜6月9日）にレギュラー。
4月13日　毎日放送「三等兵物語・あ、あの花よいつ開く」（〜10月26日）にレギュラー。
5月1日〜20日　京都南座「劇団笑いの王国　やくざはん物語／あかんたれ／通天閣は笑ってる／番頭はんと丁稚どん」公演。大村崑、芦屋小雁、三浦策郎、由美あづさらと出演。
5月20日　松竹映画「番頭はんと丁稚どん」。大村崑、芦屋小雁、芦屋雁平らと出演。監督は酒井欣也。大ヒットとなり、シリーズ化される。
5月24日〜29日　新歌舞伎座「劇団笑いの王国　通天閣は笑ってる」公演。

6月25日　愛知文化講堂「名古屋かーに笑ってチョ　珍版・おまわり物語／そばとうどん」。由利徹、八波むと志、左とん平、大村崑、芦屋小雁らと出演。
6月27日〜7月1日　大阪産経会館「劇団笑いの王国結成披露公演　やくざはん物語／番頭はんと丁稚どん」。
8月11日〜30日　道頓堀中座「劇団笑いの王国　幽霊は待ってるで／らーめん親子／続番頭はんと丁稚どん他」公演。大村崑、三浦策郎、由美あづさらと出演。
8月21日　松竹映画「続番頭はんと丁稚どん」。大村崑、芦屋小雁、芦屋雁平らと出演。監督は的井邦雄。
9月4日　朝日放送「やりくり三代記」（〜37年2月25日）にレギュラー。
9月19日〜25日　東京国際劇場「劇団笑いの王国」公演。
9月27日〜10月2日　大阪劇場「劇団笑いの王国　マヒナショウ合同公演」。
9月　「番頭はんと丁稚どん」の主題歌―「丁稚マンボNO．1カックン（B面）」レコード発売。A面は、和田弘とマヒナスターズ。
10月23日　読売テレビ「がたろうの灯」出演。
10月25日〜26日　京都弥栄会館「劇団笑いの王国　呑気な人たち」公演。
11月12日　朝日放送「しぶちん繁盛記」（〜36年6月17日）にレギュラー。

昭和36年（1961年）

1月1日　関西テレビ「コメディ　初姿崑さま侍」に大村崑、佐乃美子らと出演。
1月2日　毎日放送「番頭はんと丁稚どん　正月大会」。
1月2日　読売テレビ「崑ちゃんの初恋ぼんぼん」。
1月3日　松竹映画「続々番頭はんと丁稚どん」公開。大村崑、芦屋小雁、芦屋雁平らと出演。監督は的井邦雄。
1月15日　松竹映画「新・二等兵物語　めでたく凱旋の巻」。伴淳三郎、花菱アチャコ、大村崑らと出演。監督は酒井欣也。
1月18日　大阪フェスティバルホール「笑いの王国　ビクター合同公演」。
1月21日　読売テレビ「崑ちゃん捕物帳」（〜10月28日）にレギュラー。
2月10日　毎日放送「かんから親子」（〜5月26日）に主演。
2月14日〜21日　大阪劇場「劇団笑いの王国　マヒナショウ合同公演」。
2月27日　名古屋御園座が火事で全焼。
3月8日　関西テレビ「団地親分」（〜8月29日）。伴淳三郎主演。
3月18日〜4月6日　京都南座「劇団笑いの王国　じねんじょ／続番頭はんと丁稚どん／春宵（しゅんしょう）／お染久松晴姿御百度恋様」。大村崑、三浦策郎、由美あづさ、芦屋小雁、芦屋雁平らと出演。
4月9日〜13日　神戸国際会館「劇団笑いの王国　春宵（しゅんしょう）／呑気な人たち／番頭はんと丁稚どん」公演。大村崑、三浦策郎、由美あづさ、芦屋小雁らと出演。
4月1日　松竹映画「続々番頭はんと丁稚どん　チャンポン旅行」。大村崑、芦屋小雁、芦屋雁平らと出演。監督は的井邦雄。

4月26日〜27日　姫路広畑「笑いの王国　契約金は踊る／番頭はんと丁稚どん」公演。
5月12日〜14日　大阪劇場「劇団笑いの王国　王国ショウ／チャンネル八八八」公演。
6月24日　朝日放送「やまだし兄弟」(〜12月30日)。
6月30日　松竹映画「秀才はんと鈍才どん」。大村崑、芦屋小雁、山下洵一郎らと出演。監督は的井邦雄。
7月1日〜7日　大阪劇場「劇団笑いの王国　秀才はん大会」公演。
7月17日　TBS「月曜日の男」(〜昭和39年7月27日)。

道頓堀中座「劇団笑いの王国　新番頭はんと丁稚どん」舞台写真

8月5日〜27日　道頓堀中座「劇団笑いの王国　新番頭はんと丁稚どん／リンタク一代／夏祭清水港」公演。大村崑、三浦策郎、花紀京らと出演。
9月2日　毎日放送「第1部　秋なすび　第2部　笑い倒れ　喰い倒れ」。
10月1日〜15日　京都南座「劇団笑いの王国　チンチン電車／あんま物語 白い杖と赤い花」公演。大村崑、由美あづさ、芦屋小雁らと出演。
10月22日〜23日　広島公会堂「劇団笑いの王国　恋の靴下／番頭はんと丁稚どん」公演。
10月25日　松竹映画「金の実る樹に恋が咲く」。三上真一郎、倍賞千恵子、三井弘次らと出演。監督は福田晴一。
11月5日　滋賀会館「劇団笑いの王国　恋の靴下／番頭はんと丁稚どん」公演。
12月2日〜15日　道頓堀文楽座「劇団笑いの王国　やまだし兄弟／やりくり三代記／新番頭はんと丁稚どん」公演。大村崑、三浦策郎、花紀京らと出演。
12月24日　松竹映画「大当り三代記」。渋谷天外、曾我廼家明蝶、浪花千栄子らと出演。監督は的井邦男。

昭和37年(1962年)

1月1日　毎日放送「新春・番頭はんと丁稚どん大会」。
1月2日〜21日　京都南座「劇団笑いの王国　声色一代(ぞめきやいちだい)／角帽ブルース／分散屋散助／おめでたい奴」。佐々十郎、大村崑、芦屋小雁らと出演。
1月3日　毎日放送「貼り紙酒場」(〜9月28日)。

1月25日　松竹映画「喜劇・団地親分」。伴淳三郎、芦屋小雁、榎本健一、森繁久弥らと出演。監督は市村泰一。
2月4日　松竹映画「雁ちゃんの警察日記」に主演。牧紀子、榊ひろみらと出演。監督は酒井欣也。
2月8日〜26日　道頓堀文楽座「劇団笑いの王国　分散屋散助／焼売の詩／釜ヶ崎エレジイ／丼池のぼんぼん」公演。大村崑、芦屋小雁、由美あづさ、高田次郎、石井均らと出演。
3月4日　朝日放送「青春タックル」（〜10月28日）。
3月10日　NHK　ETV「しょうちゅうとゴム」。
3月11日〜14日　名古屋名鉄ホール「笑いの王国　番頭はんと丁稚どん／若殿まかり通る」公演。
3月18日〜4月11日　京都南座「劇団笑いの王国　王国歌舞伎一一〇番の内　傾城阿波鳴門どんどろ大師の場／照明一代（あかりやいちだい）／恋女房　染分手綱／花の弁十郎」公演。大村崑、藤田まこと、芦屋小雁、由美あづさらと出演。
3月23日　朝日放送「花の慕情　前後編」（2回放送）。
4月21日　朝日放送「でたらめ説法」（〜10月6日）。
5月2日〜11日　道頓堀文楽座「劇団笑いの王国　東西屋一代（ちんどんやいちだい）」公演。大村崑、由美あづさ、佐々十郎、芦屋小雁らと出演。
＊5月6日　朝日放送「てなもんや三度笠」放送開始（〜43年3月31日）。
5月25日　関西テレビ「しぶちん一代」に主演。
6月　北海道巡演「劇団笑いの王国」。
7月1日〜25日　道頓堀中座「劇団笑いの王国　今晩は泥棒です／土砂降り／ミステリーホテル他」公演。大村崑、石井均、伊東亮英、佐々十郎らと出演。
7月1日　関西テレビ「ちゃらんぽらん拳法」（〜9月2日）。茶川一郎主演。芦家小雁、由利徹らと出演。
7月4日　朝日放送「笑いの王国　つゆ晴れのガード下」。
7月8日　朝日放送「スチャラカ社員　第67回／何が何して」にゲスト出演。
8月3日〜26日　京都南座「劇団笑いの王国　青空模様／女形はんと馬足どん／扁平足（べたあし）／丁稚捕物帖」公演。佐々十郎、大村崑、正司歌江、正司花江、名和宏らと出演。
9月9日　関西テレビ「おけらの学校」（〜38年6月30日）にレギュラー。
9月9日　松竹映画「義士始末記」。島田正吾、岡田茉莉子、岩下志麻らが出演。監督は大曾根辰保。

道頓堀文楽座「劇団笑いの王国　東西屋一代（ちんどんやいちだい）」新聞広告

9月16日　朝日放送「三条木屋町」。
10月2日　毎日放送「宗右衛門町シリーズ」（〜38年1月1日）に主演。
10月4日　関西テレビ「出世万歳」。
10月12日〜18日　京都南座「劇団笑いの王国　淀川の灯がたろ／番頭はんと丁稚どん」公演。大村崑、芦屋小雁らと出演。
10月13日　朝日放送「駅前混戦記」（〜38年5月25日）。
11月　岡山葦川會館「劇団笑いの王国　じねんじょ／番頭はんと丁稚どん」。大村崑、芦屋小雁、花和幸助、由美あづさらと出演。
12月19日　松竹映画「泣いて笑った花嫁」。鰐淵晴子、高峰三枝子、沢村貞子らと出演。監督は番匠義彰。

昭和38年（1963年）

1月1日〜28日　梅田コマ・スタジアム「正月公演　初笑い・東海遊侠伝他」。ミヤコ蝶々、夢路いとし、喜味こいし、藤田まことらと出演。特別参加。
1月4日　読売テレビ「親子万才」。
2月1日　読売テレビ「お笑い缶詰劇場」（〜52回放送）。
2月9日　松竹映画「星屑の町」。三橋美智也、左幸子、宗方勝巳らと出演。監督は的井邦雄。
2月24日　朝日放送「てなもんや三度笠第43話／原の唐人」にゲスト出演。
3月1日〜25日　京都南座「劇団笑いの王国　時効／花の渡し舟／もやし／おばんは花盛り」公演。大村崑、芦屋小雁らと出演。
3月3日　朝日放送「スチャラカ社員　第101回／踊りましょう」にゲスト出演。
4月1日　NHK「法善寺横丁」（〜4月6日）。
4月5日〜7日　愛知文化講堂「劇団笑いの王国第2回公演　淀川の灯　がたろ／おばんは花盛り」。大村崑、伊東亮英、佐々十郎、白妙公子、笑福亭松之助らと出演。

愛知文化講堂「劇団笑いの王国　第2回公演　淀川の灯火　がたろ／おばんは花盛り」プログラム

4月28日　大映映画「悪名市場」。勝新太郎、田宮二郎、瑳峨三智子らと出演。監督は森一生。ニセ悪名コンビ役。
5月1日　朝日放送「ごきげん一家」（〜39年8月26日）に主演。
5月11日〜29日　道頓堀文楽座「劇団笑いの王国　地面師／帯／丁稚どん道中記お腕さん」公演。大村崑、芦屋小雁、佐々十郎らと出演。
6月9日　東映映画「てなもんや三度笠」。藤田まこと、白木みのる、大泉滉らと出演。監督は内出好吉。
6月17日　朝日放送「家に3男2女あり」（〜40年5月

10日）。

6月30日　大映映画「てんやわんや次郎長道中」。市川雷蔵、坪内ミキ子、姿美千子らと出演。監督は森一生。

7月4日〜28日　梅田コマ・スタジアム「かしまし娘花の西遊記／道頓堀物語」公演。正司歌江、正司照江、正司花江、茶川一郎らと出演。

8月1日〜26日　道頓堀中座「劇団笑いの王国　劇団結成五周年記念公演　淀川の灯がたろ／極付　番頭はんと丁稚どん／土性つ骨　他」。大村崑、芦屋小雁らと出演。

8月6日　読売テレビ「悪銭」（〜11月26日）に主演。

8月24日　NHK　ETV「やきもち幽霊」。

8月28日　松竹映画「ニッポン珍商売」。曾我廼家明蝶、若水ヤエ子、三木のり平、藤田まこと、園井啓介らと出演。監督は酒井欣也。

9月11日　松竹映画「嵐を呼ぶ十八人」。早川保、香山美子、松井英二らと出演。監督は吉田喜重。

10月1日〜25日　大阪新歌舞伎座「村田英雄の唄とお芝居　黒い新婚旅行／唄う王将他」公演。大村崑、井伊友三郎、雪代敬子らと出演。

10月5日　東映映画「昭和俠客伝」。鶴田浩二、嵐寛寿郎、三井弘次らと出演。監督は石井輝男。

10月20日　東映映画「次郎長三国志」。鶴田浩二、佐久間良子、山城新伍らと出演。監督はマキノ雅弘。

10月27日　日活映画「太平洋ひとりぼっち」。石原裕次郎、森雅之、田中絹代らと出演。監督は市川崑。

11月1日〜24日　京都南座「劇団笑いの王国　助っ人侍／帯／どこがちがうねん／おかしな奴」公演。大村崑、芦屋小雁、佐々十郎らと共演。

11月1日　松竹映画「続・ニッポン珍商売」。伴淳三郎、中田ダイマル・ラケット、藤田まこと、大村崑、香山美子らと出演。監督は渡辺邦男。

12月1日〜25日　浜町明治座「東西爆笑競演　リンタク一代／頓珍版　大忠臣蔵／万才師他」。大村崑、佐々十郎、由利徹、楠トシエらと出演。

12月1日　松竹映画「歌くらべ満月城」。畠山みどり、三上真一郎、有島一郎らと出演。監督は的井邦雄。

12月24日　松竹映画「色ぼけ欲ぼけ物語」。伴淳三郎、柳沢真一、藤原釜足、鰐淵晴子、有島一郎らと出演。監督は堀内真直。

12月28日　大映映画「悪名一番」。勝新太郎、田宮二郎、江波杏子らと出演。監督は田中徳三。

昭和39年（1964年）

1月3日　NHK「初夢特価販売」。

1月2日〜26日　道頓堀朝日座「初春特別公演　出世物語／えらいやっちゃ／蝶々のいとはん他」。ミヤコ蝶々、南都雄二、中田ダイマル・ラケットらと出演。

1月12日　朝日放送「拝啓カアチャン様」（〜3月29日）。

2月14日〜20日　名古屋名鉄ホール「東西爆笑バラエティ　どこがちがうねん」公演。谷口完、香月京子、小桜京子、芦屋小雁、引田天功らと出演。

2月23日　朝日放送「てなもんや三度笠第95話／須磨の生人形」にゲスト出演。

3月1日〜25日　京都南座「劇団笑いの王国　つらら／ちょんがれ野郎他」公演。佐々十郎、大村崑、芦屋小雁らと出演。

3月3日　読売テレビ「けったいな奴」（〜5月26日）にレギュラー。
3月28日　大映映画「柔道名勝負物語　必殺一本」。本郷功次郎、高田美和、三条魔子、藤巻潤、浜村純らと出演。監督は西山正輝。
5月2日〜12日　道頓堀朝日座「劇団笑いの王国　ひも／のんだくれ／五月晴れ」公演。大村崑、佐々十郎、由美あづさらと出演。
6月4日〜7日　名古屋名鉄ホール「笑いの王国　お祭雁七捕物帖」。芦屋小雁らと出演。
6月6日　毎日放送「瓦版・忠臣蔵」（〜11月24日）。
7月11日　東映映画「博徒」。鶴田浩二、松方弘樹、月形龍之介らと出演。監督は小沢茂弘。
7月27日　読売テレビ「夫婦百景第325回／七年目の冒険」に小柳弥栄、若井はんじ・けんじらと出演。
＊8月「劇団喜劇座」を芦家雁之助が座長となり小雁と結成。
8月8日〜27日　名古屋御園座「大阪喜劇公演　満員一家／船場ぐるい／なべ　他」公演。ミヤコ蝶々、南都雄二、高田次郎、石井均、イーデス・ハンソンらと出演。
8月8日　大映映画「悪名太鼓」。勝新太郎、田宮二郎、朝丘雪路らと出演。監督は森一生。
8月15日　読売テレビ「どこがちがうねん」に出演。
＊9月　劇団笑いの王国解散。
9月3日〜28日　道頓堀中座「劇団喜劇座第一回公演　歩兵（ひょこ）／江戸っ子長兵衛／珍説石川五右衛門」。由利徹、佐山俊二、芦屋小雁、藤代智美らと出演。
10月6日　朝日放送「甘辛横丁名迷伝」（〜40年3月30日）にレギュラー。渋谷天外、藤山寛美、佐々十郎、芦屋小雁らと出演。
10月14日〜25日　京都南座「劇団喜劇座旗揚げ公演　ちんぴらの唄／歩兵（ひょこ）／トーチカの五人／まげもの喜劇　雁四郎一番手柄」。谷幹一、夢路いとし、喜味こいし、芦屋小雁、芦屋雁平らと出演。
10月18日　TBS「水戸黄門」にゲスト出演。
10月26日　読売テレビ「夫婦百景第338回／ふたりの窓」に川口敦子らと出演。
12月1日〜25日　道頓堀朝日座「劇団喜劇座公演　よじょう／なべ」。茶川一郎、三原葉子、芦屋小雁らと出演。
12月2日　関西テレビ「長屋の若君」。
12月12日　東映映画「くノ一化粧」。露口茂、西村晃、小沢昭一、緑魔子らと出演。監督は中島貞夫。
12月31日　朝日放送「特別ワイド版てなもんや三度笠／東海道超特急シリーズ第2部尾張の月」に出演。
この年、「インド人もビックリ」で有名な「特製ヱスビーカレー」のCMに出演。大人気になる。

昭和40年（1965年）

1月2日〜26日　道頓堀朝日座「松竹家庭劇新春特別公演　大正旅館／浪花三悪伝／どこがちがうねん他」。曾我廼家十吾、石井均、高田次郎、芦屋小雁らと出演。特別参加。
1月2日　読売テレビ「雁四郎初手柄」。
1月2日　NHK「巳年春浪花酔醒」。
1月27日　読売テレビ「王将物語」（〜4月14日）。
1月27日　関西テレビ「びびんちょ仁義」（〜2月3日）。

2月5日〜14日　名古屋名鉄ホール「やくざはんと丁稚どん」。柳家金語楼、大村崑、由利徹らと出演。
2月25日　東映映画「いれずみ判官」。鶴田浩二、大木実、藤山寛美らと出演。監督は沢島忠。
3月2日〜26日　道頓堀中座「劇団喜劇座公演　腹一文字／釜ヶ崎／おばあちゃん／泥棒と若殿／遠い海／次郎長三国志」。谷幹一、森川信、花園ひろみ、芦屋小雁らと出演。
3月6日　日活映画「城取り」。石原裕次郎、千秋実、近衛十四郎、宍戸錠らと出演。監督は舛田利雄。
3月28日　朝日放送「スチャラカ社員第209回／昔の恋人」にゲスト出演。
3月31日　朝日放送「ごろんぼ波止場第28回／会いたかったぜ！」にゲスト出演。
4月3日〜19日　名古屋名鉄ホール「花まつり爆笑公演　ボケやんの子守唄／次郎長三国志」。堺駿二、南利明、イーデス・ハンソン、芦屋小雁らと出演。
4月18日　朝日放送「てなもんや三度笠第155話／高津の絵馬堂」にゲスト出演。
5月2日〜24日　京都南座「五月喜劇特別公演　ろくでなし／よじよう他」。曾我廼家十吾、伊東亮英、南都雄二、芦屋小雁らと出演。
5月7日　朝日放送「おばさまと娘たち」（〜8月27日）。
6月7日〜7月1日　大阪の夕刊紙「大阪新聞」の「幕のうちそと」シリーズの最終回に20回連載で登場。
6月4日〜27日　道頓堀朝日座「劇団喜劇座　切株の花／おんばはん／風流仇討ばなし」。夢路いとし、喜味こいし、伊東亮英、東千代之介らと出演。
6月12日　読売テレビ「女の経営学」にレギュラー。
6月13日　朝日放送「スチャラカ社員第220回／燃ゆる想いを」にゲスト出演。
6月27日　東映映画「主水之介三番勝負」。大川橋蔵、天知茂、里見浩太朗、桜町弘子、近衛十四郎、らと出演。監督は山内鉄也。
7月17日　読売テレビ「おかあはん」。
7月25日　朝日放送「スチャラカ社員第226回　酷暑・猛暑」にゲスト出演。
8月6日〜29日　名古屋御園座「大阪喜劇公演　当世覗きからくり／裏町人生／よじょう」公演。ミヤコ蝶々、高田次郎、イーデス・ハンソン、南都雄二らと出演。
8月8日　朝日放送「てなもんや三度笠第171話／東尋坊の怪」にゲスト出演。
8月14日　大映映画「続・兵隊やくざ」。勝新太郎、田村高廣、小山明子らと出演。監督は田中徳三。
8月15日　朝日放送「スチャラカ社員第229回／終戦記念日」にゲスト出演。
9月3日〜27日　道頓堀中座「劇団喜劇座　風鈴／坊っちゃん／弥次喜多道中記」公演。古今亭志ん朝、茶川一郎、谷幹一、芦屋小雁らと出演。
9月14日　朝日放送「親いも子いも」に主演。ルーキー新一、高森和子、山口朱美らと出演（〜41年3月29日）。
9月18日　NHK「おもろい女」。森光子、藤山寛美らと出演。
11月1日〜24日　京都南座「劇団結成一周年記念喜劇座公演　花嫁修業中／雨のひまわり／人情喜劇江戸っ子駕籠や／雪山讃歌／大阪侍」。佐山俊二、由利徹、花園ひろみ、芦屋小雁らと出演。
11月13日　東映映画「やくざGメン明治暗黒街」。松方弘樹、月形龍之介、小川知子らと出演。監督は工藤栄一。
11月14日　ＮＨＫ「息子の宣言」。
11月24日　朝日放送「ごろんぼ波止場第61回／間違いでした」にゲスト出演。
11月27日　大映映画「新・鞍馬天狗　五条坂の決闘」。市川雷蔵、万里昌代、山本學らと出演。監督は黒田義之。
11月28日　朝日放送「てなもんや三度笠第１８７話／柏崎の船出」に持ち役で出演。
12月1日～27日　梅田コマ・スタジアム「年忘れ大喜劇　若旦那と番頭はん／大笑い雪之丞変化」。茶川一郎、芦屋小雁、夢路いとし、喜味こいし、佐川ミツオ、桃山みつる、漫画トリオらと出演。
12月31日　東映映画「関東果し状」。鶴田浩二、大木実、藤山寛美、山城新伍らと出演。監督は小沢茂弘。

昭和41年（１９６６年）

1月2日～26日　道頓堀朝日座「新春特別公演　閣下／手／アットン婆さん他」。曾我廼家明蝶、曾我廼家十吾、高田次郎、石井均らと出演。
1月27日　読売テレビ「うちらの青春」（～3月3日）。
2月19日　姫路市立厚生会館「姫路労音2月例会　祇園祭」。島倉千代子、関忠亮、立川清登、芦屋小雁、芦屋雁平らと出演。
3月5日～27日　京都南座「劇団喜劇座公演　真説けちんぽ侍／とんびと鷹／裸の大将／夢で唄えば」。石井均、高村俊郎、高石かつ枝、秋葉浩介、芦屋雁平らと出演。

京都南座「劇団喜劇座公演　真説けちんぽ侍／とんびと鷹／裸の大将／夢で唄えば」プログラムより

4月3日　朝日放送「てなもんや三度笠第２０５話／岩木山の黄金」に持ち役で出演。
4月8日～24日　名古屋名鉄ホール「花まつり爆笑公演　けちんぽ侍／扇子一本」。柳家金語楼、宮城まり子、平凡太郎らと出演。
5月8日　朝日放送「てなもんや三度笠第２１０回／平取の神像」に持ち役出演。
5月10日　読売テレビ「夫婦百景第３５５回／発明女房」に朝丘雪路らと出演。
5月25日　フジテレビ「銭形平次第4回／千里の虎」にゲスト出演。
6月12日　東映映画「骨までしゃぶる」。桜町弘子、久保菜穂子、宮園純子らと出演。監督は加藤泰。
6月16日　ＮＨＫ「モーテル午前2時」。
6月19日～25日　浅草国際劇場「国際最大の喜劇まつり

凸凹太平記」。堺駿二、由利徹、佐山俊二、三原葉子、香山美子らと出演。
6月26日　朝日放送「スチャラカ社員第274回／CMソング」にゲスト出演。
7月1日　大阪劇場「劇団喜劇座　日本歌劇団合同爆笑公演　明治100年史／喜劇　吸血銅鑼Q寺院」谷幹一、古今亭志ん朝らと出演。
7月10日　朝日放送「てなもんや三度笠第219話／十和田湖畔」に持ち役で出演。
8月4日〜28日　名古屋御園座「8月大阪喜劇公演　アットン婆さん／故郷の土／遠きにあれば他」。曾我廼家十吾、浪花千栄子、都要子らと出演。
8月21日　中部日本放送「つづれ」。
9月2日〜26日　京都南座「劇団喜劇座結成二周年記念公演　踏切の目／坂本竜馬／ドンゴな子／落鮎物語／孫悟空」。榎本健一、楠トシエ、南利明、伊東亮英、芦屋小雁らと出演。
10月1日〜23日　道頓堀朝日座「喜劇特別公演　秋茄子（なすび）がむしゃら教室」。正司歌江、正司照江、正司花江、高橋元太郎らと出演。
10月4日　朝日放送「さんまと義賊」（〜42年3月14日）。
11月9日　大映映画「兵隊やくざ　大脱走」。勝新太郎、大楠道代、成田三樹夫らと出演。監督は田中徳三。
12月1日〜27日　梅田コマ・スタジアム「年忘れ喜劇まつり　大当り駒五郎一座誕生」。茶川一郎、横山ノック、パンチ、フック、京唄子、鳳啓助らと出演。

昭和42年（1967年）

1月1日　朝日放送「てなもんや三度笠第244話／鹿島の正月」に持ち役で出演。
1月2日〜24日　京都南座「唄と笑いの新春特別公演　人生廻り舞台／初笑い白浪三国志」。森川信、由利徹、佐山俊二、三原葉子らと出演。
1月28日　東映映画「博奕打ち」。鶴田浩二、待田京介、小池朝雄、若山富三郎らと出演。監督は小沢茂弘。
2月25日　大映映画「東京博徒」。田宮二郎、藤村志保、天知茂らと出演。監督は安田公義。
2月26日　朝日放送「てなもんや三度笠第252話／柳橋の乱戦」に持ち役で出演。
3月5日　朝日放送「スチャラカ社員第310回／結婚準備」にゲスト出演。
3月5日　朝日放送「てなもんや三度笠第253回／本願寺門前」に持ち役出演。
3月10日〜25日　名古屋名鉄ホール「歌と笑いの豪華公演　日本遊侠意外史」。村田英雄、楠トシエ、芦屋小雁、姫ゆり子、天野新士らと出演。
3月12日　東宝映画「幕末　てなもんや大騒動」。藤田まこと、白木みのる、谷啓らと出演。監督は古澤憲吾。
3月19日　朝日放送「てなもんや三度笠第255話／上野の戦争」持ち役出演。
4月5日〜27日　渋谷東横ホール「第三回松竹花の喜劇まつり東西合同特別公演」。由利徹、若水ヤエ子、佐山俊二らと出演。
5月4日〜23日　京都南座「喜劇爆笑公演　泥棒と若殿／あゝ同期のうば桜」。桃山みつる、小桜京子、夢路いとし、喜味こいし、石井均、杉浦エノスケらと出演。

7月1日〜23日　道頓堀中座「浪花シリーズ第一回　七月異色特別公演　うどん／飛んでもない奴／ひとごろし」。里見浩太郎、松山容子、阿井美千子、芦屋小雁、芦屋雁平らと出演。

7月9日　朝日放送「てなもんや三度笠第271話／蒲原の寺子屋」にゲスト出演。

7月19日　松竹映画「大番頭小番頭」。竹脇無我、藤山寛美、松村康世らと出演。監督は土居通芳。

7月29日　日本テレビ「男は女で勝負する」。

8月21日　尼崎市文化会館「お笑い夏の陣　どんごな子／あなたと共に」。伊東亮英、秋葉浩介、難波章子、芦屋小雁、芦屋雁平らと出演。

8月22日〜23日　森の宮厚生会館「お笑い夏の陣　どんごな子／あなたと共に」。伊東亮英、秋葉浩介、難波章子、芦屋小雁、芦屋雁平らと出演。

8月24日　福知山厚生会館「お笑い夏の陣　どんごな子／あなたと共に」。伊東亮英、秋葉浩介、難波章子、芦屋小雁、芦屋雁平らと出演。

8月24日　フジテレビ「結婚しません」。

8月25日　フェスティバルホール「芦屋雁之助、小雁、雁平兄弟によるお笑い夏の陣　どんごな子／あなたと共に」。伊東亮英、秋葉浩介、難波章子らと出演。

9月1日〜25日　明治座「よじょう乞食と武蔵／おもろい恋の物語／ごろんぼ太平記」公演。藤田まこと、林美智子、曾我廼家五郎八らと出演。

11月6日〜25日　道頓堀朝日座「錦秋喜劇特別公演　ねずみっ子／秋の花火／けちんぼ夫婦」。阿井美千子、松山容子、伊東亮英、芦屋小雁らと出演。

12月10日　朝日放送「てなもんや三度笠第293回／鳴海の別離」に兄弟三人そろってゲスト出演。

昭和43年（1968年）

1月1日　朝日放送「戦国紳士録」に出演。

1月7日　ＮＨＫ「竜馬がゆく」（〜12月29日）に猿の文吉役。

2月2日〜18日　名古屋名鉄ホール「陽気な旅役者」公演。芦屋小雁、てんぷくトリオらと出演。

2月17日　読売テレビ「しあわせだ！　おかあちゃん」。

2月22日　東映映画「尼寺㊙物語」。藤純子、津川雅彦、若山富三郎、大原麗子、悠木千帆らと出演。監督は中島貞夫。

3月1日〜27日　梅田コマ・スタジアム「スタコラ明治百年史／どえらい恋の物語」公演。野川由美子、藤田まこと、夢路いとし・喜味こいしらと出演。

＊4月7日　朝日放送「てなもんや一本槍」（〜45年2月22日）。

4月8日　彦根市民会館「芦屋雁之助、小雁、雁平トリオによる民音お笑い劇場　どんごな子／ミニ・バラエティ・ショウ」。伊東亮英、白妙公子、前川美智子らと出演。＊以下、地方公演は日付と劇場のみ記す。

4月9日　福井県民会館。

4月10日　滋賀会館。

4月11日　天理市民会館。

4月12日　神戸国際会館。

4月13日　京都会館第一ホール。

4月14日　東舞鶴公会堂。
4月15日　西脇市民会館。
4月16日　姫路市公会堂。
4月17日　岸和田市民会館。
4月18日　洲本市民会館。
4月19日　和歌山市民会館。
4月20日　白浜観光会館。
4月21日　新宮市民会館。
4月23日　堺市民会館。
6月1日～25日　道頓堀中座「一周年記念浪花シリーズ第三回公演」。阿井美千代、伊東亮英、芦屋小雁らと出演。
6月19日　フジテレビ「銭形平次第112話／腹切り侍」にゲスト出演。
6月28日　東映映画「温泉あんま芸者」。吉田輝雄、橘ますみ、三原葉子らと出演。監督は石井輝男。
7月2日　読売テレビ「ほがらか法善寺」（～9月24日）。
8月1日～25日　道頓堀中座「お笑い劇場」公演。小桜京子、ルーキー新一、曾我廼家十次郎らと出演。
9月13日　朝日放送「てなもんや一本槍第28話」にゲスト出演。
9月28日　東映映画「徳川女刑罰史」。吉田輝雄、渡辺文雄、中村錦司らと出演。監督は石井義寛。
10月6日　テレビ朝日「旅がらすくれないお仙」（～44年9月28日）。
10月12日　東映映画「妖艶毒婦伝　般若のお百」。宮園純子、村井国夫、南原宏治らと出演。監督は石井輝男。
10月19日　読売テレビ「百億円の阿呆ぼん」（～44年1月25日）。
12月1日～27日　梅田コマ・スタジアム「アデュー1968年世界のクリスマス／大当り駒五郎一座／何日君再来（いつのひきみかえる）」公演。花菱アチャコ、茶川一郎、夢路いとし、喜味こいしらと出演。

昭和44年（1969年）

3月1日～30日　道頓堀中座「浪花シリーズ第四回公演千日前物語／好色一代男」。曾我廼家明蝶、北條きく子、杉浦エノスケ、阿井美千子、芦屋小雁、芦屋雁平らと出演。
5月2日　東映映画「徳川いれずみ師　責め地獄」。吉田輝雄、小池朝雄、橘ますみらと出演。監督は石井輝男。
5月26日　倉吉福祉会館「芦屋雁之助、芦屋小雁、芦屋雁平トリオ民音お笑い劇場」。福田一雄、伊藤亮英。
7月18日～28日　道頓堀朝日座「天王寺鉄道管理局慰安会　劇団喜劇座公演　どんごな子／ポケットバラエティ」。伊東亮英、白妙公子、芦屋小雁らと出演。
8月2日～26日　道頓堀中座「八月お楽しみ劇場　どっこい想話／てなもんや悪童伝他」。「どっこい想話」の、脚本と演出を担当。白木みのる、本間千代子らが出演。
8月3日　朝日放送「てなもんや一本槍第70話」にゲスト出演。
8月11日　TBS「水戸黄門第1部第2話／人生に涙あり・江戸」にゲスト出演。
9月2日～27日　梅田コマ・スタジアム「天知茂特別公

演　鹿鳴館異聞・影を追う男」。淀かほる、土田早苗、石山賢二郎らと出演。
10月2日～27日　新宿コマ・スタジアム「秋の喜劇特別公演・幕末番外地」。ザ・ドリフターズ、佐山俊二、丹下キヨ子、柳家金語楼、木の実ナナらと出演。

昭和45年（1970年）

2月1日～10日　梅田トップホットシアター「2月コマ・新喜劇　雁之助らの印度大魔術／どんごな子」。芦屋小雁、芦屋雁平らと出演。
2月11日～20日　梅田トップホットシアター「2月コマ・新喜劇　雁之助らの殺陣／なべ」。芦屋小雁、芦屋雁平らと出演。
2月21日～28日　梅田トップホットシアター「2月コマ・新喜劇　春○番」。芦屋小雁、雁平らと出演。
3月1日～25日　梅田コマ・スタジアム「てなもんや艶歌50年史／日本を賭ける男」。藤田まこと、ディック・ミネ、花紀京、佐山俊二、野川由美子らと出演。
4月1日　関西テレビ「エキスポ・スタジオ　世界の広場　第1回　チェコスロバキア館」に出演。
5月21日～31日　名古屋名鉄ホール「大暴れ天保六花撰」公演。茶川一郎、夢路いとし・喜味こいしらと出演。
7月3日～27日　道頓堀中座「七月特別公演　めくらのお市物語／親ばか太鼓」。松山容子、花園ひろみ、芦屋小雁らと出演。
7月16日　ＴＢＳ「俄＝浪華遊侠伝」（～10月8日）。
8月2日～27日　新宿コマ・スタジアム「納涼喜劇特別公演　色ぼけ銭ぼけ大暴走」。藤田まこと、若水ヤエ子、ディック・ミネ、尾崎奈々らと出演。
8月30日　ＴＢＳ「天国の父ちゃんこんにちは　その13」に出演。
9月2日　フジテレビ「銭形平次第２２６話／間違われた男」にゲスト出演。
12月28日　朝日放送「てなもんや一本槍第91話」にゲスト出演。

昭和46年（1971年）

1月2日～28日　梅田コマ劇場「初春浪花繁盛男」公演。柳家金語楼、茶川一郎、芦屋小雁、東千代之介、丸山みどりらと出演。
1月23日　東映映画「女渡世人」。藤純子、北村英三、夏川静江らと出演。監督は小沢茂弘。
2月4日～26日　東京宝塚劇場「道頓堀　どんどこ囃子」公演。森繁久彌、林成年、淡島千景、草笛光子らと出演。
2月15日　朝日放送「てなもんや一本槍第98話」にゲスト出演。
3月4日～29日　梅田コマ・スタジアム「コマ大作戦／恋の極道横丁」公演。藤田まこと、林美智子、花紀京、佐山俊二らと出演。
4月3日～29日　新宿コマ・スタジアム「春の豪華特別公演・いも侍女難道中記」。坂本スミ子、大西睦美らと出演。
5月19日～31日　名鉄ホール「艶つや物語」公演。ピーター、茶川一郎らと出演。
7月3日　東映映画「温泉みみず芸者」。池玲子、松井康子、杉本美樹らと出演。監督は鈴木則文。

7月25日　朝日放送「日曜お楽しみ劇場　これが浪曲だ!!」に村田英雄、笑福亭仁鶴らと出演。
7月31日　ダイニチ映配映画「極楽坊主」。舞戸役海役。宍戸錠、岡崎二朗、隅田和世らと出演。監督は武田一成。
8月3日〜9月27日　ヒビヤ芸術座「子を貸し屋」公演。乙羽信子、宮城まり子、加東大介、大谷直子らと出演。
9月11日　東宝映画「西のペテン師　東のサギ師」。藤田まこと、井上順、藤田悠らと出演。監督は福田純。
10月4日〜28日　東京宝塚劇場「ひとごろし／博多思案橋」公演。松橋登、若水ヤエ子、磯野洋子らと出演。
10月13日　フジテレビ「銭形平次第284話／白い粉」にゲスト出演。
10月19日　関西テレビ「江戸巷談・花の日本橋晴れ姿幡随院長兵衛」(2回放送)。
11月8日〜28日　名古屋名鉄ホール「森繁劇団結成十周年記念特別公演　ひとごろし／博多思案橋」。森繁久彌、山田五十鈴、三國連太郎らと出演。

名古屋名鉄ホール「森繁劇団結成十周年記念特別公演　ひとごろし／博多思案橋」プログラムより

11月26日　TBS「ザ・ガードマン第346回／結婚ウハウハ団体列車」に出演。
12月1日〜22日　名古屋御園座「喜劇特別公演　馬の足／私が愛した馬鹿」。藤田まこと、人見明、加茂さくららと出演。

昭和47年（1972年）

3月1日〜26日　梅田コマ・スタジアム「河童のたぁやん」公演。藤田まこと、加茂さくら、雪代敬子、曾我廼家明蝶らと出演。
3月13日　TBS「水戸黄門第3部第16話／あほんだら兄ちゃん　河内」に、ゲスト出演。
4月5日　毎日放送「新・番頭はんと丁稚どん」に出演(〜12月27日)。
5月3日〜28日　新宿コマ・スタジアム「喜劇人祭りふーてん侍外遊伝」公演。柳家金語楼、白木みのる、ピーター、佐山俊二らと出演。
6月4日　TBS「夏姿花の忠臣蔵」。
8月1日〜29日　新宿コマ・スタジアム「喜劇学校新宿コマ第1回公演・笑い方教えます!!」公演。中村メイコ、谷幹一、大村崑、ケーシー高峰、うつみみどりらと出演。
10月4日〜30日　東京宝塚劇場「ぼてじゃこの灯」公演。森繁久彌、水谷良重、三田佳子らと出演。
10月5日　フジテレビ「隼人が来る」に出演(〜48年3月29日)。
11月9日〜27日　名古屋名鉄ホール「夫婦善哉」公演。藤田まこと、曾我廼家五郎八、野川由美子、花紀京らと出演。
12月29日　松竹映画「舞妓はんだよ全員集合!!」。いかりや長介、荒井注、仲本工事、高木ブーらと出演。監督は渡辺祐介。

昭和48年（1973年）

2月8日　フジテレビ「隼人が来る」にゲスト出演。
7月4日～29日　東京宝塚劇場「水前寺清子公演　娘一心太助」。乙羽信子、石立鉄男、進藤英太郎らと出演。
8月2日～28日　新宿コマ・スタジアム「恒例喜劇人まつり・女どろどろ物語」公演。長門勇、清川虹子、奈美悦子、由利徹らと出演。
10月20日　朝日放送「助け人走る」（～49年6月22日）。藤兵衛役でレギュラー。
10月27日　フジテレビ「無宿侍」にゲスト出演。
11月4日～27日　帝国劇場「夢は巴里か倫敦か」公演。森繁久彌、岡田眞澄、山田五十鈴、大和田伸也らと出演。
12月3日～27日　東京宝塚劇場「東宝12月年忘れ爆笑公演　続・雲の上団五郎一座」。フランキー堺、坂本九、南利明、宮城まり子らと出演。

昭和49年（1974年）

2月2日～27日　梅田コマ・スタジアム「森繁劇団特別公演　虹から虹へ／みおつくし浪花の風雪」公演。森繁久彌、林美智子、野川由美子、ジュディ・オングらと出演。
2月5日　日本テレビ「伝七捕物帳　第18回／紫房に散った闇奉行」に出演。
3月9日　松竹映画「喜劇　男の腕だめし」。フランキー堺、湯原昌幸、太地喜和子らと出演。監督は瀬川昌治。
4月13日　朝日放送「助け人走る第26話／凶運大見料」。
4月17日　「梅田コマ・ミュージカル」出身の旧姓大島久里子と結婚。
5月3日～22日　名古屋中日劇場「どんごな子／花のお江戸の悪太郎」公演。有島一郎、芦屋小雁、伊東亮英、立原博らと出演。
5月22日　フジテレビ「銭形平次第420回／浪花男の江戸の夢」。
6月2日～27日　梅田コマ・スタジアム「おんな川」公演。ミヤコ蝶々、川地民夫、内田朝雄らと出演。
7月4日～28日　名古屋名鉄ホール「森繁劇団　極楽屋騒送曲／松のや露八」公演。森繁久彌、宇津井健、中村メイコらと出演。
10月3日　フジテレビ「座頭市物語」（～50年4月17日）。
10月5日～28日　名古屋中日劇場「続・雲の上団五郎一座」公演。フランキー堺、坂本九、南利明、八並映子らと出演。
11月3日～28日　名古屋名鉄ホール「夫婦捕物帖」公演。藤田まこと、野川由美子らと出演。
12月3日～27日　東京宝塚劇場「決定版・雲の上団五郎一座」公演。フランキー堺、重山規子、有島一郎、十勝花子らと出演。
12月28日　松竹映画「ザ・ドリフターズの極楽はどこだ!!」。いかりや長介、加藤茶、仲本工事、高木ブーらと出演。監督は渡辺祐介。

昭和50年（1975年）

1月2日〜28日　梅田コマ劇場「西郷輝彦特別公演　梅田界隈」。茶川一郎、新藤恵美、田村亮、芦屋雁平らと出演。

3月3日〜27日　梅田コマ・スタジアム「雲の上団五郎一座」公演。フランキー堺、坂本九、麻田ルミ、重山規子らと出演。

4月2日〜29日　新宿コマ劇場「水前寺清子特別公演　姉ちゃん仁義／これが艶歌だ!!」。水前寺清子、益田喜頓、芦屋小雁、人見明らと出演。

4月3日　フジテレビ「座頭市物語第29話／信濃路に春は近い」にゲスト出演。

4月22日　朝日放送「破れ傘刀舟　悪人狩り第30話／ささやいた死美人」に小雁、雁平と共演。

5月26日　徳島文化センター「ミュージカルス　放浪の天才」公演。楠トシエ、高桐真、芦屋雁平らと出演。

＊以下、地方公演は日付と劇場名のみ記す。

5月27日　高松市民会館。

5月28日　新居浜文化センター。

5月29日　松山市民会館。

5月30日　高新ホール。

6月1日　岡崎市民会館。

6月2日　刈谷市民会館。

6月3日　名古屋市民会館。

6月4日　文京公会堂。

6月5日　文京公会堂。

6月7日　札幌市民会館。

6月8日　旭川公会堂。

6月10日　弘前市民会館。

6月11日　宮城県民会館。

6月12日　山形県民会館。

6月14日　川越市民会館。

6月16日　川崎産業文化会館。

6月18日　福山市民会館。

6月19日　呉市民会館。

6月20日　下関市文化会館。

6月21日　八幡市民会館。

6月22日　福岡市民会館。

7月3日〜25日　京都南座「特別公演　泥棒と若殿・用心棒」公演。栗塚旭、入江若葉、島田順司らと出演。

8月2日〜28日　名古屋御園座「森繁劇団特別公演　ひも／みおつくし浪速の花道」。森繁久彌、林美智子、有島一郎らと出演。

10月8日〜29日　名古屋中日劇場「決定版　雲の上団五郎一座」公演。フランキー堺、益田喜頓、淀かおる、重山規子らと出演。

11月1日〜27日　梅田コマ劇場「森繁久彌特別公演　にっぽんサーカス物語／道化師の唄」。浜畑賢吉、あがた森魚、中尾ミエらと出演。

12月3日〜26日　東京宝塚劇場「おお活動大写真　寄らば斬るぞ物語」公演。フランキー堺、由美かおる、財津一郎、南利明らと出演。

昭和51年（1976年）

2月1〜29日　東京宝塚劇場「佐渡島他吉の生涯」。森繁久彌、山田五十鈴らと出演。
4月4日〜29日　新宿コマ・スタジアム「水前寺清子特別公演　新あんみつ姫／これが艶歌だ!!」公演。浜田光夫、南利明、園佳世子、人見明らと出演。
4月30日　テレビ朝日「ベルサイユのトラック姐ちゃん」にゲスト出演。
5月13日〜14日　岡山市民会館「天満屋みのり会五月特別公演　つくしんぼ／皐月の宴」。長門裕之、南田洋子、中山仁らと出演。
7月30日　朝日放送「必殺からくり人」（〜10月22日）にレギュラー出演。
8月30日　長女・里菜誕生。
9月3日〜10月28日　芸術座「千三家お菊」に出演。森光子、市原悦子、益田喜頓。
10月2日　フジテレビ「鯛めしの唄」（〜52年3月12日）。

昭和52年（1977年）

1月3日〜28日　日生劇場「ナポリの王様」公演。森繁久彌、山岡久乃、井上順、音無美紀子、犬塚弘らと出演。
2月1日〜27日　東京宝塚劇場「鳴門の火祭り」公演。三木のり平、浜木綿子、水谷良重らと出演。
4月30日〜5月29日　帝国劇場「東宝創立45周年記念特別公演　百三代さま」公演。森繁久彌、益田喜頓、京塚昌子らと出演。
5月29日　日本テレビ「桃太郎侍第38回／儚い恋の花いちもんめ」にゲスト出演。
8月22日　TBS「水戸黄門第8部／自慢高慢馬鹿のうち・駿府」にゲスト出演。
9月11日　飯塚嘉穂劇場「泥棒と殿様／八坂　恋坂　おんな坂」。中村玉緒、紀比呂子らと出演。
10月11日　TBS「飛べ！孫悟空」（〜53年3月27日）。
11月1日　テレビ朝日「お手々つないで」（〜52年3月28日）。
10月29日　朝日放送「新・必殺からくり人」（〜53年2月10日）にレギュラー。
12月2日〜26日　帝国劇場「帝劇12月特別公演　モルガンお雪」。小川真由美、山口崇、ハナ肇らと出演。

昭和53年（1978年）

2月6日　NHK「女たちの家」（〜3月10日）。
2月6日　TBS「大岡越前第5部」（〜7月31日）。
3月10日　朝日放送「江戸プロフェッショナル・必殺商売人第4話／お上が認めた商売人」に河内山宗俊役。
4月3日〜29日　帝国劇場「日本美女絵巻　逢坂屋花鳥」公演。山田五十鈴、中村富十郎、曾我廼家鶴蝶らと出演。
5月4日〜30日　東京宝塚劇場「赤ひげ診療譚」。森繁久彌、山田五十鈴、竹脇無我、音無美紀子らと出演。
5月7日　日本テレビ「桃太郎侍第82回／泣くな妹兄貴はつらい」。
7月1日〜25日　道頓堀中座「必殺仕置人」。藤田まこと、芦屋小雁、林美智子、菅井きんらと出演。
7月10日　TBS「大岡越前第5部第23話／裁けなかった恋の道」に大工の長兵衛役。
8月25日　朝日放送「必殺からくり人　富嶽百景殺し旅」（〜11月24日）にレギュラー。
9月2日〜10月29日　ヒビヤ芸術座「おもろい女」公演。

森光子、柳生博、青木玲子、高瀬春奈らと出演。

昭和54年（1979年）

2月2日～24日　名古屋御園座「法駕籠のご寮人さん」公演。淡島千景、大山勝巳、青山良彦らと出演。
2月12日　TBS「江戸を斬るⅣ」（～8月6日）。
3月12日～4月25日　帝国劇場「女の園」公演。山田五十鈴、新珠三千代、岡田嘉子らと出演。
4月1日　関西テレビ「刑事鉄平」（～7月8日）。
4月9日　テレビ朝日「鉄道公安官」（～55年3月17日）。
5月1日～29日　帝国劇場「帝劇5月特別公演・菊田一夫追慕演劇祭　暖簾」。森繁久彌、司葉子、西郷輝彦、林美智子らと出演。
6月1日～25日　京都南座「ミヤコ蝶々特別公演　おんなと三味線」。ミヤコ蝶々、小島秀哉、川地民夫らと出演。
7月5日　フジテレビ「三波伸介のチャンネル・インベーダー　第1回／あまのはごろも」。
9月3日～10月28日　ヒビヤ芸術座「おもろい女」公演。森光子、米倉斉加年、赤木春恵、青木玲子らと出演。
10月14日　関西テレビ「花王名人劇場　津軽三味線よされぶし望郷篇」。
10月21日　関西テレビ「花王名人劇場　津軽三味線よされぶし帰郷篇」。
10月26日　TBS「3年B組金八先生」（～55年3月28日）。
12月16日　関西テレビ「花王名人劇場　蝶々の三味線一代・第一部&第二部」（～23日）。
この年、「おもろい女」で芸術祭賞大賞受賞。

ヒビヤ芸術座「おもろい女」プログラム

昭和55年（1980年）

1月2日～27日　梅田コマ・スタジアム「はいからさんが通る」公演。水谷良重、菅原謙次、片岡孝夫、大原ますみらと出演。
1月6日　関西テレビ「花王名人劇場　王将第一部&第二部」（～13日）。
2月3日～9日　名古屋名鉄ホール「子は鎹」公演。ミヤコ蝶々、三田明らと出演。
5月1日～25日　新歌舞伎座「薫風公演　日本巌窟王」公演。中村吉右衛門、三林京子らと出演。
6月1日　関西テレビ「花王名人劇場　爆笑メルヘン裸の大将放浪記」。ロケ地・大井川。
8月1日～19日　名古屋名鉄ホール「子は鎹」公演。ミヤコ蝶々、花紀京、沢本忠雄らと出演。

8月3日　関西テレビ「花王名人劇場　裸の大将放浪記第2話／欲張りの人も沢山いるので」。ロケ地・大井川。
9月4日〜10月28日　芸術座「樽屋おせん」。山田五十鈴、香川京子らと出演。
9月8日　NHK「極楽日記」（〜10月3日）。
9月21日　関西テレビ「花王名人劇場　裸の大将放浪記第3話／人の心は顔ではわからないので」。ロケ地・多摩川。
10月6日　NHK「虹を織る」（〜56年4月4日）。
11月23日　TBS「水戸黄門第11部第15話／天狗の鼻にお灸　会津」。
12月1日〜25日　梅田コマ・スタジアム「放浪の天才／むちゃくちゃでござります物語」公演。長谷川季子、安井昌二、曾我廼家鶴蝶、茶川一郎らと出演。

昭和56年（1981年）

1月2日〜2月28日　帝国劇場「華麗なる遺産」公演。森繁久彌、山田五十鈴、竹脇無我、西郷輝彦、甲にしき、白都真理らと出演。
1月18日　関西テレビ「花王名人劇場　裸の大将放浪記第4話／悪いことをすると虫になるので」。ロケ地・大井川。
1月30日　東映セントラルフィルム映画「泥の河」。田村高廣、藤田弓子、加賀まりこ、殿山泰司らと出演。監督は小栗康平。
2月6日　現代ぷろだくしょん制作・松竹映画配給「裸の大将放浪記　山下清物語」主演。中村玉緒、なべおさみ、小松政夫らと出演。監督は山田典吾。
4月5日　関西テレビ「あなたが選ぶ花王名人大賞はだれの手に!?」。第1回　花王名人大賞　特別賞受賞。
4月11日　アニメ「じゃりン子チエ」公開。博打屋の社長役の声。監督は高畑勲。
4月13日〜28日　道頓堀中座「山下清ものがたり　裸の大将放浪記」公演。米倉斉加年、西崎みどりらと出演。
5月3日　関西テレビ「花王名人劇場　裸の大将放浪記第5話／人の口は恐ろしいので」。ロケ地・京都。
6月4〜29日　新宿コマ・スタジアム「水前寺清子特別公演　花吹雪振袖吉三」。月丘夢路、大山滕巳、山田隆夫らと出演。
6月12日　フジテレビ「夫婦は夫婦第9回／女房になりたい」。
7月10日　フジテレビ「隠密くずれ」。
8月1日〜23日　名古屋名鉄ホール「裸の大将放浪記」公演。武原英子、西崎みどり、米倉斉加年、立原博らと出演。
8月2日　関西テレビ「花王名人劇場　裸の大将放浪記第6話／嘘をつくと舌を抜かれるので」。ロケ地・鹿児島。
8月8日　松竹映画「男はつらいよ　浪花の恋の寅次郎」。渥美清、倍賞千恵子、マドンナ役の松坂慶子らと出演。監督は山田洋次。
10月2日〜30日　帝国劇場「佐渡島他吉の生涯」公演。森繁久彌、野川由美子、松山英太郎、大村崑らと出演。
10月18日　関西テレビ「花王名人劇場　裸の大将放浪記第7話／青い眼の涙だったので」。ロケ地・パリ。
11月28日　松竹映画「マンザイ太閤記」。ぼんちおさむ、里見まさと、島田紳助らと出演。監督は澤田隆治・高屋敷英夫。
12月1日～20日　梅田コマ劇場「逃げろや逃げろ物語」公演。林美智子、木暮実千代、正司花江、亀石征一郎、今いくよ、今くるよらと出演。

昭和57年（1982年）

1月2日～31日　帝国劇場「パリ歌舞伎亭」公演。山田五十鈴、浅茅陽子、三木のり平らと出演。
1月10日　関西テレビ「花王名人劇場　裸の大将放浪記第8話／ヨメ子が嫁になりたがるので」。ロケ地・大井川。
1月28日　関西テレビ「夢芝居」。
2月5日　フジテレビ「隠密くずれ2　地獄の子守唄」。
4月7日　毎日放送「人情紙風船」（～5月19日）。
5月3日～29日　東京宝塚劇場「横浜どんたく」公演。山田五十鈴、司葉子、内山恵司、神保共子らと出演。
5月7日　フジテレビ「妻たちは……第5回／僕の奥ちゃん」にゲスト出演。
5月19日　フジテレビ「銭形平次第810回／なにわの彦六捕物帳」。
5月30日　関西テレビ「花王名人劇場　裸の大将放浪記第9話／ロバが笑ったので」。ロケ地・大井川。
6月6日　毎日放送「哀愁のやもめたち」。
7月1日～27日　名古屋名鉄ホール「裸の大将放浪記Ⅱ」公演。浅茅陽子、高見知佳、左とん平、中原早苗らと出演。
9月18日　TBS「殺意の肖像」。
10月2日～25日　京都南座「ミヤコ蝶々特別公演　浪花のスーパーかあちゃん」。ミヤコ蝶々、小島秀哉、平凡太郎らと出演。
10月2日　東映映画「野獣刑事」。緒形拳、いしだあゆみ、藤田まこと、泉谷しげるらと出演。監督は工藤栄一。
10月4日　NHK「よーいドン」（～59年4月2日）。
11月21日　関西テレビ「花王名人劇場　裸の大将放浪記第10話／天狗の鼻は高いので」。ロケ地・高松・琴平。
11月29日　TBS「水戸黄門第13部第7話／うなぎ屋義俠の恩返し　浜松」に為吉役。
12月2日～26日　道頓堀中座「なにわの源蔵事件帳」公演。高田美和、米倉斉加年、喜味こいしらと出演。

昭和58年（1983年）

1月2日～30日　帝国劇場「喧嘩三味線」公演。山田五十鈴、中村扇雀、五大路子、中村智太郎らと出演。
1月11日　日本テレビ「切り裂かれた時間」。
2月6日　関西テレビ「花王名人劇場　裸の大将放浪記第11話／別れが悲しかったので」。ロケ地・青森・七戸。
3月3日～27日　道頓堀中座「ミヤコ蝶々特別公演　夫婦漫才」。ミヤコ蝶々、石井均、阿井美千代らと出演。
3月18日　フジテレビ「隠密くずれ3」。
5月1日　関西テレビ「花王名人劇場　裸の大将放浪記第12話／ヨメ子は天女になったので」。ロケ地・静岡・金谷。
5月3日～29日　東京宝塚劇場「みおつくし浪花の花道」公演。森繁久彌、曾我廼家鶴蝶らと出演。
6月7日　フジテレビ「大奥2」（～14日）にゲスト出

演。
7月10日　関西テレビ「花王名人劇場　裸の大将放浪記第13話／ボクは富士山に登るので」。ロケ地・富士。
8月4日〜28日　名古屋名鉄ホール「アチャコでござります」公演。高田美和、米倉斉加年、花紀京らと出演。
8月26日　フジテレビ「隠密くずれ4　変幻くの一黄金城の秘密」。
9月3日　TBS「奪われた遺書」。
9月8日　読売テレビ「暴発」。
9月19日　TBS「大岡越前第7部第22話／泥棒にされたお奉行様」。
9月24日　フジテレビ「涙で絵具を…」。
10月2日　関西テレビ「落書きドクトル繁盛記1　さらばご無痔で」。
10月3日　花登筐没
11月2日　NHK「新・なにわの源蔵事件帳」（〜3月28日）。
11月12日　フジテレビ「栄花物語」。
11月27日　関西テレビ「落書きドクトル繁盛記2　ぶらり旅痔へ」。

昭和59年（1984年）

1月5日　読売テレビ「女系家族」。
1月16日　TBS「水戸黄門第14部第12話／偽黄門の悪退治・大館」に松五郎役。
1月24日　フジテレビ「大奥2」にゲスト出演。
2月19日　関西テレビ「落書きドクトル繁盛記3　友よ痔信を持て」。
3月2日〜26日　京都南座「ミヤコ蝶々特別公演　薄墨桜　芦屋雁之助特別出演」。ミヤコ蝶々、石井均、大津十詩子、桜木健一らと出演。
5月10日　フジテレビ「弐十手物語第4話／新米」。
5月16日〜22日　有楽町よみうりホール「裸の大将放浪記」。米倉斉加年、宇野重吉、南風洋子らと出演。演出も宇野重吉。
5月20日　関西テレビ「落書きドクトル繁盛記4　淡路島かよう恋痔」。
6月　16mm映画「はじめての手紙」。
6月16日　松竹映画「必殺！」。藤田まこと、菅井きん、白木万理らと出演。監督は貞永方久。
7月1日〜27日　名古屋名鉄ホール「娘よ／新なにわの源蔵事件帳」公演。脚本も担当。大空眞弓、米倉斉加年、おりも政夫らと出演。

名古屋名鉄ホール「娘よ／新なにわの源蔵事件張」プログラム

8月31日　朝日放送「必殺仕切人」（～12月28日）にレギュラー。
9月2日　関西テレビ「落書きドクトル繁盛記5　娘よ！」。
10月14日　関西テレビ「5周年特別番組　爆笑メルヘン帰ってきた！　裸の大将放浪記第14話」。ロケ地・浅草。
12月1日～23日　道頓堀中座「ミヤコ蝶々師走公演　ふれあい／晴ればれ街道」ミヤコ蝶々、花紀京、大津十詩子らと出演。
12月31日　ＮＨＫ「第35回紅白歌合戦」。テレビ東京「年忘れ　にっぽんの歌」。
「娘よ／家のかみさん」が150万枚を超える大ヒット。第26回日本レコード大賞特別賞受賞・全日本有線放送大賞最優秀新人賞受賞・第10回日本演歌大賞特別賞受賞・第17回日本有線大賞大衆賞・第10回菊田一夫演劇賞大賞受賞。

昭和60年（1985年）

1月2日～2月28日　東京宝塚劇場「森繁劇団公演　佐渡島他吉の生涯」。曾我廼家鶴蝶、大津十詩子らと出演。
1月17日　読売テレビ「娘よ!!」出演。
3月24日　関西テレビ「花王名人劇場　裸の大将放浪記第15話／花が咲いたので」。ロケ地・青梅。
4月7日　「娘よ　全国縦断謝恩記念特別公演」（福岡郵便貯金会館）。＊以下、地方公演は日付と劇場名のみ記す。
4月8日　飯塚嘉穂劇場。
4月9日　佐世保市民会館。
4月10日　佐賀市民会館。
4月11日　宮崎高鍋中央公民館。
4月12日　鹿児島県文化センター。
4月13日　小倉市民会館。
4月14日　熊本県立劇場。
4月17日　高知県民文化ホール。
4月18日　徳島市文化センター。
4月19日　奈良橿原文化会館。
4月21日　山口岩国市民会館。
4月22日　ＴＢＳ「水戸黄門第15部第13話／嫁が救った酔いどれ大工　山口」に寅造役。
4月22日　徳山文化会館。
4月23日　宇部市渡辺翁記念会館。
4月24日　山口市民会館。
4月25日　萩市民会館。
4月26日　尾道市公会堂。
4月27日　広島郵便貯金会館。
4月29日　米子市公会堂。
4月30日　岡山市民会館。
5月1日　和歌山県民文化会館。
5月2日　姫路文化センター。
5月3日　加古川市民会館。
5月4日　尼崎アルカイックホール。
5月5日　鈴鹿市民会館。
5月6日　名古屋市民会館。
5月7日　清水市民会館。
5月10日　越谷コミュニティホール。
5月11日　磐田文化会館。

5月12日　川口市民会館。
5月14日　浜松市民会館。
5月15日　沼津文化センター。
5月16日　富士宮文化会館。
5月17日　川崎市立産業文化会館。
5月18日　甲府山梨県民文化会館。
5月19日　長野文化会館。
5月20日　松本市民会館。
5月21日　新潟県民会館。
5月22日　新津市民会館。
5月23日　京都会館第一ホール。
5月24日　福井市文化会館。
5月25日　舞鶴市総合文化会館。
5月26日　金沢石川厚生年金会館。
5月27日　大阪毎日ホール。
5月31日　東京荒川区民会館。
6月1日　飯能市民会館。
6月2日　郡山磐光パラダイス。
6月3日　秩父秩父宮記念市民会館。
6月5日　熊谷埼玉県熊谷会館。
6月6日　会津若松市民会館。
6月7日　掛川生涯学習センター。
6月8日　勝田文化会館大ホール。
6月10日　横浜神奈川県立県民ホール。
6月11日　宇都宮文化会館。
6月12日　上越文化会館。
6月13日　大宮市民会館。
6月14日　石巻市民会館。
6月15日　古川市民会館。
6月16日　仙台宮城県民会館。
6月17日　宮古市民会館。
6月18日　北上市民会館。
6月20日　千歳市民文化センター。
6月21日　アルバム「人はふれあい―おもいやり」をリリース。
6月21日　旭川市公会堂。
6月22日　芦別市民会館。
6月23日　苫小牧市民会館。
6月24日　小樽市民会館。
6月25日　帯広市民会館。
6月26日　釧路市民文化会館。
6月27日　札幌市民会館。
8月3日〜26日　名古屋名鉄ホール「八月特別公演　とんぽり相合橋／なべ」公演。大空眞弓、おりも政夫、荒木雅子、芦屋雁平らと出演。
8月18日　関西テレビ「待ってました!!　裸の大将第16話／キヨシのおむすび縁むすび」。ロケ地・木曽路。
10月3日　読売テレビ「家庭内離婚⁉」。
10月7日　NHK「いちばん太鼓」（〜61年4月5日）。
10月17日　読売テレビ「うすずみ桜」。
10月27日　関西テレビ「やって来ました！　裸の大将第17話／きよしのメルヘン旅芝居」。ロケ地・佐賀・伊万里。
11月21日　アルバム「秘湯の旅」をリリース。
12月5日　読売テレビ「二人なら生きられる」。
12月16日　アルバム「人生演歌」をリリース。

昭和61年（1986年）
1月2日　読売テレビ「愛・かなしくても愛　伯爵夫人の肖像」に出演。
3月1日〜25日　京都南座「ミヤコ蝶々特別公演・ふれあい／晴ればれ街道　芦屋雁之助特別出演」。ミヤコ蝶々、桜木健一、喜味こいしらと出演。
3月9日　関西テレビ「花王名人劇場　裸の大将第18話／尾道　坂道　春の雪」。ロケ地・尾道。
4月3日〜26日　名古屋名鉄ホール「陽春特別公演　一番櫓」公演。三林京子、高田美和、おりも政夫らと出演。
4月21日　読売テレビ「花いちばん」（〜10月17日）。
8月17日　関西テレビ「花王名人劇場　裸の大将第19話／清とお化けと夏祭り」。ロケ地・秩父。
10月26日　関西テレビ「花王名人劇場　裸の大将第20話／清の秩父路オニ退治」。ロケ地・秩父。
11月23日　東映太秦映画村で、「太閤記」サイン会。
11月28日　朝日放送「猫目石ころがった」。
11月28日〜12月4日　名古屋名鉄ホール「ふたり芝居」公演。ミヤコ蝶々と共演。
12月14日　毎日放送「日曜劇場　愛されて、サヨナラ」出演。
12月16日〜19日　有楽町朝日ホール「ふたり芝居」。ミヤコ蝶々と共演。

昭和62年（1987年）
1月2日〜2月27日　帝国劇場「遥かなり山河〜白虎隊異聞〜」公演。森繁久彌、多岐川裕美、あおい輝彦、叶和貴子、山口いづみらと出演。
1月5日　TBS「水戸黄門第16部第37話／初春献上二人影　日光」に卯之吉役。
1月18日　関西テレビ「花王名人劇場　裸の大将第21話／清と少女とペテン師と」。ロケ地・奈良・十津川。
4月2日　読売テレビ「家族の肖像」。
5月2日　関西テレビ「テレビバラエティ　オレたちひょうきん族」。
5月24日　関西テレビ「花王名人劇場　裸の大将第22話／清と赤い自転車」。ロケ地・大井川。
7月12日　関西テレビ「花王名人劇場　裸の大将第23話／清と島の花嫁さん」。ロケ地・八丈島。
8月1日〜25日　名古屋名鉄ホール「おっちゃん／怪猫屋敷」公演。曾我廼家鶴蝶、安奈淳、高田美和、おりも政夫らと出演。
9月21日　「水戸黄門第17部第4話／謎の紫頭巾　諏訪」に若狭清蔵役。
10月5日　読売テレビ「おさと」（〜63年4月1日）。
10月14日　関西テレビ「花王名人劇場　裸の大将第24話／清のどさんこ母恋道中」。ロケ地・北海道・洞爺湖。
10月22日　読売テレビ「父と娘・七色の絆」。
12月6日〜13日　名古屋名鉄ホール「ミヤコ蝶々と芦屋雁之助のふたり芝居　電話・親買いますか」。ミヤコ蝶々。

昭和63年（1988年）
1月2日〜26日　新宿コマ・スタジアム「森進一特別公演　雪祭りに来た男」。御木本伸介、谷村昌彦、浅芽陽子らと出演。
2月5日〜10日　京都南座「ミヤコ蝶々と芦屋雁之助のふたり芝居　電話／親買いますか」。ミヤコ蝶々。
2月14日　関西テレビ「花王名人劇場　裸の大将第25話／清・北の国のキューピット」。ロケ地・北海道・積丹。
4月2日〜27日　名古屋名鉄ホール「裸の大将／どっこい騒話」公演。脚本も担当。中村メイコ、犬塚弘、芦屋小雁らと出演。
4月17日　関西テレビ「花王名人劇場　裸の大将第26話／清の沖縄ほうろう記」。ロケ地・沖縄。
6月12日　関西テレビ「花王名人劇場　裸の大将第27話／清のくれた幸せの星砂」。ロケ地・沖縄・与論島。
7月24日　関西テレビ「花王名人劇場　裸の大将第28話／清と伊豆の踊り子たち」。ロケ地・伊豆・天城高原。
7月28日　読売テレビ「背中合わせに・愛」。
9月4日　関西テレビ「花王名人劇場　裸の大将第29話／清と雲とひまわりと　西伊豆編」。ロケ地・西伊豆・堂ヶ島。
10月2日　関西テレビ「これがほんとうの名人芸」。
10月3日　読売テレビ「吉野物語」（〜平成元年3月31日）。
10月3日〜30日　東京宝塚劇場「夢見通りの人々」公演。森繁久彌、乙羽信子、竹脇無我らと出演。
10月23日　関西テレビ「花王名人劇場　裸の大将第30話／園長先生ゴメンなさい」。ロケ地・岐阜・郡上八幡。
11月17日　NHK「天下茶屋のハッちゃん！」。
11月27日〜12月6日　名古屋名鉄ホール「裸の大将放浪記」公演。水野久美らと出演。

名古屋名鉄ホール「裸の大将放浪記」プログラム

昭和64年・平成元年（1989年）

1月15日　関西テレビ「花王名人劇場　裸の大将第31話／下駄の鳴る丘」。ロケ地・静岡・三ヶ日。
3月6日　TBS「水戸黄門第18部第25話／無念晴らす献上絞　鳴海」に善八役。
3月16日　関西テレビ「父の贈りもの」。
3月26日　関西テレビ「花王名人劇場　裸の大将第32話／清と雪ん子ドサン娘物語」。ロケ地・函館。
4月2日　関西テレビ「第9回花王名人大賞」。
4月8日〜30日　京都南座「裸の大将放浪記　下駄の鳴る丘」公演。小坂一也、おりも政夫、倉沢淳美、正司花江らと出演。
4月9日　関西テレビ「花王名人劇場　裸の大将放浪記第1話特別アンコール」放送。

4月10日　テレビ東京「大風呂敷」。
6月4日　関西テレビ「花王名人劇場　裸の大将放浪記第33話／南国九州を行く　清の三泊四日五島の旅」。ロケ地・長崎・五島列島。
7月1日〜26日　名古屋名鉄ホール「樽為一代」公演。脚本も担当。芦屋小雁らと出演。
7月9日　関西テレビ「花王名人劇場　裸の大将放浪記第34話／天からマリアが降ってきた・長崎編」。ロケ地・長崎。
7月29日　NHK「天下茶屋のハッちゃん（2）〜初恋編〜」。
8月13日　関西テレビ「雁之助の爆笑！大忠臣蔵」。
8月27日　関西テレビ「花王名人劇場　裸の大将第35話／螢の里エレジー・兵庫出石編」。ロケ地・兵庫・出石。
9月2日〜10月29日　ヒビヤ芸術座「東宝現代劇9・10特別公演　おもろい女」。森光子、米倉斉加年、井上純一、山岡久乃らと出演。
10月8日　関西テレビ「花王名人劇場　裸の大将第36話／清のさよなら鞆の浦」。ロケ地・広島・福山。
12月3日　関西テレビ「花王名人劇場　裸の大将第37話／清の湯けむり奮戦記」。ロケ地・秋田・田沢湖。
この年、テレビジョンATP賞　受賞。

平成2年（1990年）

1月1日　フジテレビ「夫婦善哉」。
1月1日　テレビ朝日「みんな玉子焼き」。
1月2日〜30日　東京宝塚劇場「佐渡島他吉の生涯」公演。森繁久彌らと出演。
1月7日　関西テレビ「花王名人劇場　裸の大将第38話／清と花嫁の父・大井川編」。ロケ地・大井川。
3月18日　関西テレビ「花王名人劇場　裸の大将第39話／清とおふくろの味」。ロケ地・沖縄・宮古島。
5月17日　読売テレビ「舅と嫁と姑と…」。
6月20日　関西テレビ「神谷玄次郎捕物控」（〜9月19日）。
7月1日〜27日　名古屋中日劇場「裸の大将　清がサーカスにやってきた」公演。脚本も担当。長山洋子、佐野浅夫、倉沢淳美、おりも政夫らと出演。
7月1日　関西テレビ「花王ファミリースペシャル　裸の大将第40話／清と夢のチューリップ」。ロケ地・オランダ。
7月8日　関西テレビ「花王ファミリースペシャル　裸の大将第41話／遠い国ニッポン」。ロケ地・オランダ。
8月26日　関西テレビ「花王ファミリースペシャル　裸の大将第42話／清と老人と海と」。ロケ地・岡山・児島。
10月7日　関西テレビ「花王ファミリースペシャル　裸の大将第43話／清がサーカスにやってきた　90分スペシャル」。ロケ地・秋田・鹿角。
10月16日　日本テレビ「長七郎江戸日記第3部」（〜3年9月24日）にレギュラー。
11月3日　東宝映画「流転の海」。森繁久彌、野川由美子、佐藤浩市らと出演。監督は斎藤武市。
11月18日　関西テレビ「花王ファミリースペシャル　裸の大将第44話／清とベンガラの花嫁」。ロケ地・岡山・吹屋。
12月16日　関西テレビ「花王ファミリースペシャル　裸

の大将第45話／清のカラスなぜ啼くの」。ロケ地・信州・戸倉。
12月27日　読売テレビ「西の舅に東の姑　浪花男と江戸っ子女の意地の張り合い」。

平成3年（1991年）

1月2日〜30日　帝国劇場「赤ひげ診療譚」。森繁久彌、山田五十鈴、竹脇無我、川中美幸。
1月6日　関西テレビ「花王ファミリースペシャル　裸の大将第46話／清の獅子舞てんてこ舞　90分スペシャル」。ロケ地・伊豆・戸田。
4月7日　関西テレビ「花王ファミリースペシャル　裸の大将第47話／清の放浪旅芝居　90分スペシャル」。ロケ地・千葉・南房総。
4月29日　TBS「おやじのひげ9」。
5月26日　関西テレビ「花王ファミリースペシャル　裸の大将第48話／二人の清と婆ちゃん」。ロケ地・大井川。
8月4日　関西テレビ「花王ファミリースペシャル　裸の大将第49話／僕にはお化けが見えるので」。ロケ地・長野。
9月12日　読売テレビ「一人っ子同士の結婚」。
9月30日　TBS「水戸黄門第20部第47話／嘘を承知の偽黄門・日光」に左甚五郎役。
10月6日　関西テレビ「花王ファミリースペシャル　裸の大将第50話／清のテルテル坊主〜石和編　90分スペシャル」。ロケ地・山梨・石和。
10月7日　TBS「水戸黄門第20部第48話／陰謀渦巻く薪能・江戸」に左甚五郎役。
10月28日　TBS「おやじのひげ10」。
11月4日　TBS「おやじのひげ11」。
11月4日〜30日　名古屋中日劇場「浪花の花道」公演。森繁久彌、安奈淳、芦屋小雁らと出演。
11月5日　日本テレビ「キンゾーの上ってなンボ!!」。
12月1日　関西テレビ「花王ファミリースペシャル　裸の大将第51話／清と月の砂漠」。ロケ地・鳥取。

平成4年（1992年）

1月5日　関西テレビ「花王ファミリースペシャル　裸の大将第52話／母子くんち太鼓」。ロケ地・佐賀・唐津。
3月1日　関西テレビ「花王ファミリースペシャル　裸の大将第53話／清とニセ者さつまあげ」。ロケ地・鹿児島。
3月11日　テレビ朝日「鬼平犯科帳第3シリーズ第12話／隠居金七百両」。
4月5日　関西テレビ「花王ファミリースペシャル　裸の大将90分スペシャル第54話／清・ジャングルの密会」。ロケ地・グアム島。
4月27日　TBS「おやじのひげ12」。
5月31日　関西テレビ「花王ファミリースペシャル　裸の大将第55話／清の桃太郎鬼退治」。ロケ地・岡山・津山。
7月5日　関西テレビ「花王ファミリースペシャル　裸の大将第56話／オホーツクに花が咲いた」。ロケ地・北海道・紋別。
8月5日　彦根市民会館第一ホール「裸の大将　下駄の鳴る丘」。犬塚弘、水野久美、おりも政夫、谷村昌彦、倉沢淳美、芦屋小雁らと出演。＊以下、地方公演は日付と劇場名のみ記す。
8月6日　近江八幡市文化会館。
8月7日　野洲文化ホール。
8月8日　京都府中丹文化会館。
8月9日　宮津会館。
8月11日　八鹿町民会館。
8月13日　鳥取市民会館。
8月14日　出雲市民会館。
8月16日　石西県民文化会館。
8月18日　福山市市民会館。
8月19日　呉市文化ホール。
8月20日〜21日　尾道市公会堂。
8月23日　洲本市民会館大ホール。
8月24日　ＴＢＳ「水戸黄門第21部第21話／身ぐるみ剝がれた黄門様・伊丹」。
8月26日　津山文化センター。
8月27日　香川県県民ホール。
8月28日　岡山シンフォニーホール。
8月29日〜31日　愛媛県民文化会館メインホール。
9月3日　大東市サーティーホール。
9月4日　神戸国際会館。
9月5日　宇治市文化センター。
9月6日　京都府長岡京記念文化会館。
9月7日　尼崎アルカイックホール。
9月8日　八尾プリズムホール。
9月9日　吹田メイシアター大ホール。
9月11日　和歌山県民文化会館。
9月13日　高砂市文化会館大ホール。
11月1日　関西テレビ「花王ファミリースペシャル　裸の大将第57話／清と伊勢と異星人」。ロケ地・三重・伊勢。
11月23日　ＴＢＳ「おやじのひげ13」。
12月1日〜23日　名古屋御園座「珍説　忠臣蔵」公演。中村玉緒、目黒祐樹らと出演。

平成5年（1993年）

1月2日〜30日　東京宝塚劇場「新春特別公演　殉愛／狐狸狐狸ばなし」。山田五十鈴、平幹二朗、沢口靖子、内田朝雄らと出演。
1月10日　関西テレビ「花王ファミリースペシャル　裸の大将第58話／清が湖で釣った夢」。ロケ地・北海道・三笠。
2月7日　関西テレビ「花王ファミリースペシャル　裸の大将第59話／清が誘拐されサア大変」。ロケ地・北九州。
4月11日　関西テレビ「花王ファミリースペシャル　裸の大将第60話／清の鼻から八女提灯」。ロケ地・福岡・八女。
5月3日　ＴＢＳ「おやじのひげ14」。
5月15日　テレビ朝日「京都妖怪地図」。
5月16日　関西テレビ「花王ファミリースペシャル　裸の大将第61話／清のお見合い縁結び」。ロケ地・北海道・美深。
6月21日　ＴＢＳ「水戸黄門第22部第6話／嘘で悟った女房の真心・浜松」。

8月22日　関西テレビ「花王ファミリースペシャル　裸の大将第62話／イルカに乗った清」。ロケ地・高野山。
10月3日　関西テレビ「花王ファミリースペシャル　裸の大将第63話／逃げろ逃げろ！　子連れの清の子守歌」。ロケ地・岩手・水沢。

平成6年（1994年）

1月2日〜29日　帝国劇場「横浜どんたく　富貴楼おくら」公演。山田五十鈴、立原博らと出演。
1月9日　関西テレビ「花王ファミリースペシャル　裸の大将第64話／生き神様になった清」。ロケ地・青森・大間。
2月20日　関西テレビ「花王ファミリースペシャル　裸の大将第65話／清と謎の美人絵」。ロケ地・秋田・湯沢。
2月21日　TBS「ゲンコツ和尚は名探偵」。
4月3日　関西テレビ「花王ファミリースペシャル　裸の大将第66話／1万羽のツルをサギ師に渡すな　清のお化け大作戦」。ロケ地・鹿児島・出水。
5月2日　TBS「おやじのひげ16」に主演。
7月3日　関西テレビ「花王ファミリースペシャル　裸の大将第67話／清の焼きおにぎり」。ロケ地・和歌山。
7月16日　アニメ「平成狸合戦ぽんぽこ」公開。隠神刑部の声役。監督は宮崎駿。
8月21日　関西テレビ「花王ファミリースペシャル　裸の大将第68話／清と自転車少年の夢」。ロケ地・宮城・石巻。
10月9日　関西テレビ「花王ファミリースペシャル　裸の大将第69話／清のデカンショ節　灘・篠山編　90分スペシャル」。ロケ地・兵庫・丹波篠山。
10月10日　TBS「水戸黄門第23部第10話／親子喧嘩の腕比べ・田鶴浜」。
11月19日　朝日放送「京都妖怪地図6」。
12月2日〜24日　名古屋御園座「年忘れ喜劇特別公演　親娘廻り舞台／珍説元禄恋狸山」。藤吉久美子、おりも政夫、正司花江、水野久美らと出演。
12月11日　関西テレビ「花王ファミリースペシャル　裸の大将第70話／海だ魚だ清の大島紬　奄美編」。ロケ地・奄美大島。

平成7年（1995年）

2月26日　関西テレビ「花王ファミリースペシャル　裸の大将第71話／清のファインプレー新庄編」。ロケ地・山形・新庄。
3月13日　TBS「おやじのひげ18」。
4月6日　テレビ朝日「痛快！　三匹が斬る！　スペシャル」にゲスト出演。
4月9日　関西テレビ「花王ファミリースペシャル　裸の大将第72話／清と少女の母恋し　徳島淡路編」。ロケ地・徳島・淡路。
5月1日〜26日　名古屋御園座「横浜どんたく」公演。山田五十鈴、多岐川裕美、榎本孝明らと出演。
5月7日　関西テレビ「花王ファミリースペシャル　裸の大将第73話／清とサクランボ娘 山形東根編」。ロケ地・山形・東根。
7月2日　関西テレビ「花王ファミリースペシャル　裸の大将第74話／オロチに巻かれてサァ大変」。ロケ地・

島根・益田。
8月3日　八幡市文化センター「裸の大将 清の幸せ宅急便」。＊以下、地方公演は日付と劇場名のみ記す。
8月4日　高砂市文化会館。
8月5日　彦根市民会館。
8月6日　三木市文化会館。
8月8日　加西市民会館。
8月9日　たんば田園交響ホール。
8月10日　和歌山県民文化会館。
8月11日〜12日　サンケイホール。
8月13日　野洲文化ホール。
8月16日　スターピアくだまつ。
8月19日　加茂町文化ホール。
8月20日〜21日　広島郵便貯金ホール。
8月22日〜23日　岡山市民会館。
8月24日〜25日　松山市民会館。
8月26日　呉市文化ホール。
8月27日　姫路市文化センター。
8月29日　三島市民文化会館。
8月30日　焼津市文化センター。
10月1日　関西テレビ「花王ファミリースペシャル　裸の大将第75話／清も参ったわんぱく坊や」。ロケ地・富山・高岡。
11月26日　関西テレビ「花王ファミリースペシャル　裸の大将第76話／清が行った竜宮城」。ロケ地・広島・宮島。
12月23日　松竹映画「男はつらいよ　寅次郎紅の花」。渥美清、倍賞千恵子、マドンナ役の浅丘ルリ子らと出演。監督は山田洋次。

平成8年（1996年）

1月7日　関西テレビ「花王ファミリースペシャル　裸の大将第77話／フグと清と鉄人と」。ロケ地・門司・宇部。
2月2日〜28日　新宿コマ劇場「島倉千代子特別公演　千代子七変化　旅役者物語」。太川陽介、谷村昌彦、芦屋雁平らと出演。

新宿コマ・スタジアム「島倉千代子特別公演　旅役者物語」プログラム

3月21日　歌「夫婦人生航路／男の悲哀」リリース。
4月7日　関西テレビ「花王ファミリースペシャル　裸の大将第78話／清の手品はめぐりあい 福島」。ロケ地・福島・保原。
6月4日　関西テレビ「花王ファミリースペシャル　裸の大将第79話／清が見た画家の秘密 輪島編」。ロケ地・

能登・輪島。
6月21日　アルバム「人生演歌」リリース。
7月28日　関西テレビ「花王ファミリースペシャル　裸の大将第80話／清と三姉妹の宝探し」。ロケ地・香川・東讃岐。
8月21日　テレビ朝日「鬼平犯科帳第7シリーズ第1話／麻布ねずみ坂」に中村宗仙役。
9月1日　関西テレビ「花王ファミリースペシャル　裸の大将第81話／清の湯煙素麵」。ロケ地・砺波山代。
11月30日～12月24日　大阪新歌舞伎座「田川寿美特別公演　こっぽり物語／舞妓はん」。田川寿美、松山政路、大信田礼子らと出演。
12月29日　関西テレビ「花王ファミリースペシャル　裸の大将第82話／清もびっくり！　そっくり美人 沖縄編」。ロケ地・沖縄。

平成9年（1997年）

1月2日　関西テレビ「花王ファミリースペシャル　裸の大将第83話／清オーレ！　最後の放浪」。最終回。ロケ地・島原・スペイン。
2月2日～26日　新宿コマ劇場「長山洋子特別公演　痛快時代劇　春一番！江戸の恋風」。三浦浩一、大鹿次代、綿引勝彦らと出演。
5月3日～26日　大阪新歌舞伎座「豚と真珠とおもろい夫婦」公演。演出を担当。八代亜紀、菅原文太、奈良富士子らとが出演。
6月3日～29日　大阪・劇場飛天（現梅田芸術劇場）「長山洋子特別公演　痛快時代劇　江戸の恋風」公演。三浦浩一、穂積隆信、橋本功らと出演。
10月2日　福岡嘉穂劇場「芦屋雁之助特別公演　番頭はんと丁稚どん」。夢路いとし・喜味こいし・芦屋小雁らと出演。
11月15日　テレビ朝日「京都B級グルメ殺人事件帳1　オムライスの謎」。

平成10年（1998年）

1月2日～2月26日　日生劇場「おもろい女」公演。森光子、米倉斉加年、坂上忍、山岡久乃らと出演。
2月21日　歌「お入り／こんこん昆布つゆ」をリリース。
3月16日　ＴＢＳ「水戸黄門　瞼に見えたお母ちゃん徳山　第26部第6話」。
4月10日～19日　道頓堀中座「芦屋雁之助特別公演　どっちやねん／人生のぬくもりを唄う」。高田美和、芦屋雁平、泉ひろしらと出演。
6月20日　フジテレビ「鬼平犯科帳　最終回スペシャル鬼平死す」。
8月2日～26日　京都南座「かしまし娘　芦屋三兄弟特別公演　なにわ三姉妹／樽為一代」。「樽為一代」は脚本と演出も担当。かしまし娘、芦屋小雁、芦屋雁平、西崎みどりらと出演。
9月25日　小田原市民会館「芦屋雁之助　特別公演　娘よ／人生の温もりを詩う」。芦屋小雁、高田美和、白木みのるらが出演。＊以下、日付と劇場名のみ記す。
9月26日　福島テルサ。
9月28日　藤枝市民会館。
9月29日　稲沢市民会館。

9月30日　鈴鹿市民会館。
10月1日　高梁総合文化会館。
10月2日　ふくやま芸術文化ホール。
10月3日　たんば田園交響ホール。
10月4日　堺市民会館。
10月5日　紀南市民会館。
10月6日　吹田市文化会館。
10月7日　門真市民文化会館。
10月8日　瀬戸市文化センター。
10月10日　神戸国際会館。
10月11日　太子町立文化会館。
10月12日　大野城市まどかぴあ。
10月13日　佐賀市文化会館。
10月14日　北九州市立小倉市民会館。
10月15日　はつかいち文化ホール。
10月16日　呉市文化ホール。
10月17日　砺波市文化会館。
10月18日　砺波市文化会館。
10月19日　近江八幡市文化会館。
10月20日　アクトシティ浜松。
10月21日　岡山市民会館。
10月22日　丸亀市民会館。
10月23日　阿南市市民会館。
10月24日　和田山町文化会館。
10月25日　舞鶴市民会館。
10月26日　神戸国際会館。
10月27日　神戸国際会館。
第33回大阪市民文化功労賞受章。

京都南座「かしまし娘　芦屋三兄弟特別公演」パンフレット

平成11年（1999年）

6月4日〜28日　大阪新歌舞伎座「泣いたらあかん」公演。藤山直美、林与一、花紀京らと出演。
10月4日　NHK「あすか」（〜4月1日）。朝の連続小説でレギュラー。
12月16日　歌「披露宴」をリリース。
大阪市民表彰。

平成12年（2000年）

1月2日〜28日　大阪新歌舞伎座「中村美律子オンステージ　―夢は21世紀へ―女浪曲師・花咲くハル子物語」公演。中村美律子らと出演。
2月23日　アルバム「芦屋雁之助全曲集」をリリース。
5月1日　NHK「あすか総集編」（〜5日）。
10月2日〜29日　新宿コマ・スタジアム「中村美律子錦

秋公演・びっくり怪盗伝」。この公演の中日頃に脳梗塞で倒れる。
10月27日　朝日放送「警部補マリコ」にゲスト出演。
12月1日　朝日放送「時の渚・衝撃の運命」。

平成13年（2001年）

1月2日　テレビ東京「壬生義士伝・新選組でいちばん強かった男」。
1月2日〜28日　大阪新歌舞伎座「中村美律子公演　びっくり怪盗伝」。千秋楽の3日前に心筋梗塞で倒れる。
1月12日　朝日放送「警部補マリコ」にゲスト出演。
2月2日　朝日放送「警部補マリコ」にゲスト出演。
3月3日〜27日　名古屋名鉄ホール「忠次？　と言われた男／火の大輪」。芦屋雁之助の代役に渋谷天外が出演。
11月29日　NHK「はんなり菊太郎〜京・公事宿事件帳」にゲスト出演。
12月1日　朝日放送「時の渚〜衝撃の運命」。

平成14年（2002年）

1月2日　テレビ東京「壬生義士伝〜新選組でいちばん強かった男〜」。
11月29日　NHK「はんなり菊太郎〜京・公事宿事件帳」にゲスト出演。

平成15年（2003年）

1月6日　京都放送「西洋骨董通り物語Ⅱ　京都不思議ストーリー」（〜3月31日）。
4月4日〜13日　名古屋名鉄ホール「陽春特別公演　とんてんかん　とんちんかん／春爛漫夢燦々」。このとき、雁之助・小雁ふたり座長。初日から5日後に心筋梗塞再発。突然の代役を花紀京が引き受ける。芦屋雁之助最後の舞台となる。
5月17日　朝日放送「京都ミステリー女裁判官1　美人判事が不倫と殺人疑惑に襲われて」。

平成16年（2004年）

4月7日　鬱血性心不全のため京都市の病院で死去。享年72歳。
5月29日　偲ぶ会が東京會館で行われた。
6月2日　偲ぶ会が京都で行われた。

偲ぶ会が東京で行われた

【CM出演】

エスビー食品「特製ヱスビーカレー」。公共広告機構（現ACジャパン）。日清食品「日清ちゃんぽん」。ピップフジモト「漢方肩こり薬」。ハウス食品「すきやねん・うどん」。ヤマサ醤油「昆布つゆ」。江崎グリコ「ジャイアントコーン」「パナップ」。栗津温泉喜多八。

【芦屋雁之助受賞歴】

昭和54年（1979）　文化庁芸術祭大賞（「おもろい女」の演技に対して）

昭和55年（1980）　大阪府民劇場奨励賞（梅田コマ・スタジアム「放浪の天才・むちゃくちゃでござります」の演技に対して）

昭和56年（1981）　名古屋演劇ペンクラブ年間賞（名古屋名鉄ホール「花王名人劇場　裸の大将放浪記」の演技に対して）

昭和59年（1984）　日本有線放送大賞上期特別賞

昭和59年（1984）　全日本有線放送大賞上期新人賞および最優秀新人賞

昭和59年（1984）　演歌大賞特別賞

昭和59年（1984）　銀座音楽祭特別賞

昭和59年（1984）　日本有線放送大賞年間大衆賞

昭和59年（1984）　第26回レコード大賞特別賞

昭和59年（1984）　第22回ゴールデンアロー賞特別賞（レコード「娘よ」および舞台テレビの活躍に対して）

昭和59年（1984）　第10回菊田一夫演劇賞大賞（東京・よみうりホール「花王名人劇場　裸の大将放浪記」東京宝塚劇場「佐渡島他吉の生涯」の演技に対して）

昭和60年（1985）　第5回倉敷市民劇場賞最優秀男優賞（「花王名人劇場　裸の大将放浪記」倉敷公演の演技に対して）

平成元年（1989）　全日本テレビ制作連盟テレビジョンATP賞特別賞

平成元年（1989）　第9回花王名人劇場大賞

平成7年（1996）　スターの広場顕彰手形

平成8年（1996）　KTV花王ファミリースペシャル特別功労賞

平成9年（1997）　ATP長寿番組賞（「花王名人劇場　裸の大将」シリーズに対して）

平成10年（1998）　第33回市民表彰記念大阪市民文化功労賞

平成11年（1999）　大阪市民表彰

平成16年（2004）　第88代首相小泉純一郎・内閣府より旭日小綬章

【その他】

平成16年8月6日　パチンコ「裸の大勝」が登場。

（年表作成／高田準・大西康裕）

本書は小社PR誌『ちくま』２００７年９月号から２００９年９月号まで、「平成コメディアン史」のタイトルで連載された内容に、大幅な加筆修正を加えたものです。

澤田隆治（さわだ・たかはる）
１９３３年大阪生まれ。戦後朝鮮から富山県高岡市へ引揚げる。さらに兵庫県尼崎市で暮らす。神戸大学文学部卒業後、朝日放送入社。ラジオプロデューサーからテレビディレクターとなる。その後、退社独立。漫才ブームの仕掛け人、お笑い界のドンともいわれ、テレビの草創期から今日まで、『てなもんや三度笠』『スチャラカ社員』『新婚さんいらっしゃい』『ズームイン!!　朝』『花王名人劇場』など、様々なジャンルの人気番組を送り出す。放送以外でもイベントプロデューサーとしても活動する。現在は株式会社テレビランド代表取締役、笑いと健康学会会長、放送芸術学院専門学校学校長、日本映像事業協同組合名誉会長を務める。

私説大阪《しせつおおさか》テレビコメディ史《し》
花登筐《はなとこばこ》と芦屋雁之助《あしやがんのすけ》

二〇一七年八月五日　初版第一刷発行

著　者　澤田隆治（さわだ・たかはる）
発行者　山野浩一
発行所　株式会社筑摩書房
東京都台東区蔵前二―五―三　〒一一一―八七五五
振替〇〇一六〇―八―四一二三
印　刷　三松堂印刷株式会社
製　本　牧製本印刷株式会社

ISBN978-4-480-81839-3　C0076

乱丁・落丁本の場合は、左記あてにご送付ください。
送料小社負担でお取り替えいたします。
ご注文・お問い合わせも左記へお願いいたします。
筑摩書房サービスセンター　電話番号〇四八―六五一―〇〇五三
さいたま市北区櫛引町二―六〇四　〒三三一―八五〇七